Y Th.
1126

Recueil

Des Pièces de Théâtre

Mélanges N°. 2.

Contenant des Pièces non Représentées ou jouées en Société ou sur différens Théatres de Province

Tom.

Pièces contenues dans ce Volume

Arlequin a Geneve, Comedie en 3 Actes et en Vers libres, par M. P. G. auteur du Baquet Magnétique. 1785.

Deux (les) Centenaires de Corneille pièce en 1 Acte, en Vers, par Mr. le Chr. de Cubières, Représentée à Rouen, Bordeaux, le Havre, Tours, Grenoble & 1785. précédé des Réflexions sur le grand Corneille.

Accidents ou les Abbés, Comedie en 1 Acte, en prose, dans le goût libre du théâtre Anglois, par Mr. Collé 1786.

Folies (les) du Luxe Réprimées ou le véritable ami, intendans comme il y en a peu, Comedie en 3 Actes, en prose, par Mr. Carriere — Doisin, 1786.

Zélénie ou l'Orpheline Américaine, Comédie en 3 Actes, en prose, par Mr Blanc Desisles Comédien. 1787.

Mariage fil: / d' Aglaé, Comédie en 1 acte, en prose, par Mr. le Chevalier de Nieulant ; Representeé a Gand en 1788

Jupiter a Larisse ou la Révolution Thessalique, Drame Allegorique sur la Revolution de France en 3 Actes, en Vers, par Mr A. C. 1790.

Y 3546
P518

Par P. Guigard –
Pigalle, d'après Gosset

ARLEQUIN
A
GENEVE.

COMMÉDIE
EN VERS LIBRES ET EN TROIS ACTES.

PAR M. P. G.
Auteur du Baquet Magnétique.

Nunc hilares si quando mihi, nunc ludite Musæ.
Martial.

A LYON.

M. DCC. LXXXV.

PERSONNAGES.

M. ALCANDOR.... Riche banquier.

Mad. ALCANDOR.

DORANTE, fils de M. Alcandor, amant d'Argentine.

LÉONOR, fœur de Dorante.

LÉLIO, fils de Pantalon de Bergame, amant de Léonor.

ARGENTINE, fœur de Lélio.

TRAFFIQUET, caiffier, chez M. Alcandor, autre amant de Léonor.

VIOLETTE, femme de charge, chez M. Alcandor.

CRISPIN... valet de M. Alcandor, mari de Violette.

ARLEQUIN, au fervice de Lélio, autre mari de Violette.

Un Notaire.

La Scene eſt dans une anti-chambre de l'hôtel de M. Alcandor.

ARLEQUIN
A
GENEVE,
COMÉDIE.

ACTE PREMIER.

SCENE PREMIERE.

ARLEQUIN, un bâton à la main, l'air harraſſé, clopinant, une gourde en ſautoir, une botte à une ſeule jambe, le front bandé d'un linge, & une lettre à la ceinture.

Aïe, ouf, haïe, ouf ! un criquet éreinté
Ayant doublé la poſte à ſon courrier barbare,
   S'il m'allait être confronté,
Serait plus frais, & tiendrait mieux ſa carre,
Que le pauvre Arlequin, moulu déchiqueté.
   Cette voiture grommelante
Et jurant ſur l'aiſſieu, qui depuis Chamberi,
Juſqu'à Geneve, où j'arrive meurtri
Pour la premiere fois, peut-être diligente,
   (puiſque je n'étais pas levé,)

A

Emballe, graisse, attelle, prend la fuite
Et transporte sans moi mes maîtres, & leur suite.
Je bat en enrageant un assomant pavé,
N'ayant pas fait un seul tour de cuisine,
Et par sur-croît de maux, je perds une bottine.
  Le nez pilé, l'estomac creux,
Les pieds cassés, & les genoux cagneux,
Le dos rétif, ainsi que l'omoplatte,
Le ventre plein d'échos, & le gozier poudreux,
Ma gourde vuide, & ma filoche platte.....
Ah! je suis de tout point bréveté malheureux!
Traversant Plein-palais, j'atteins la porte Neuve.
J'y suis!... je prends vigueur... je poursuis mon trajet,
Et déja loin de moi, laissant le parapet,
Je fais cent pas de plus, & j'apperçois ce fleuve,
Qui baignant de ses eaux les remparts Genevois
Pour rester plus long-tems, chez un peuple de Rois,
Suspend son cours altier, pour en former deux ances.
Je me retourne & lis : à l'Hôtel des balances :
Celui précisément dont on avait fait choix.
J'entre... on m'attendoit..... double traître !
Je n'ai pû repliquer.... un coup de pied de maître,
S'est fait sentir aussi-tôt qu'un soufflet,
Ce double compliment ma rompu le sifflet.
Mon burlesque équipage, aurait dû faire rire,
Tarrare!... le Patron refrogné, furieux,
  Des faits étant peu curieux,
Sans pitié de mon sort, & loin de m'introduire,
Pour me ravitailler, & me costumer mieux,
Ce geste répété, me jette cette lettre,
Avec ces mots benins : maraut, cours la remettre?
Je part, & me voici.... mais déjeûner morbleu !
C'est le grand point. Soufflets, & croquignoles,
  Coup de pieds, & rudes paroles,
Au prix d'un déjeûner tout cela n'est qu'un jeu,
Mais à ces vains propos, mon appetit s'irrite.

COMÉDIE.

Si par rencontre fortuite,
Des passants que j'attends d'aguet,
La premiere personne était un cabaret,
Encore Arlequin patience,
Je ne crains plus les coups de mon bourru,
La ponctualité fut toujours ma vertu,
Mais ma foi, la faim m'en dispense.
Bien dit, & mieux pensé... mais boit-on sans argent,
Ventre, & gousset, tout est sans garniture,
Quel parti prendre en ce besoin urgent?
Rendre la lettre, & serrer ma ceinture.
Qui me dira, si je suis au Molard?...
Tout dort encore, & nulle porte ouverte,
Allons donc à la découverte,
Et heurtons par tout au hasard.
Holà hé !

SCENE II.

ARLEQUIN, & CRISPIN, *sans épée*.

CRISPIN, *en dedans de la maison*.

Qui va là?

ARLEQUIN.
Venez ouvrir brave homme,
Et descendés un verre de rogomme?

CRISPIN, *ouvrant*.
Peste du mauricaut !

ARLEQUIN.
Treve de compliments !
Etes-vous Alcandor?

CRISPIN.
C'est selon, c'est tout comme,
Que lui veux-tu? qui t'amene céans?

ARLEQUIN, &c.

ARLEQUIN.
Le ton brusque de ta demande,
Me fait opiner malgré toi,
Qu'ici tu n'es pour tout aloi,
Qu'un Alcandor de contrebande.
CRISPIN.
Parle, & sois court, je suis son factoton.
ARLEQUIN.
Tant pis, j'aimerais mieux te voir son marmiton;
Nous en serions plutôt amis.... n'importe,
Tu peux me servir de la sorte.
N'as-tu jamais eu soif, & faim, tout à la fois,
As-tu senti l'ardeur de ce double martyre ?
C'est comme un ouragan, c'est comme un feu grègeois,
Qui vous dévore, & vous déchire,
L'ouragan est ici, (*son ventre.*)
Le feu grègeois est là, (*sa gorge.*)
CRISPIN.
Je n'entends rien à tout cela.
Si quelque chose se démêle,
En ton foyer, ton ouragan,
C'est qu'il faut un bâton, pour y mêler la grêle,
Et je vais le chercher.
ARLEQUIN.
Eh non, du Parmezan,
Du pain, du vin, des tartelettes,
Du jambon, & des cotelettes.
C'est le mot de l'énigme. Un peu de digestif;
(*à part.*) Ce factoton m'a l'air d'un excogrif!
CRISPIN.
(*à part.*) Voilà sur ma parole un dangereux bélitre!
Qu'est-tu ? que me veux-tu ?
ARLEQUIN.
Méssager est mon titre,
Arlequin est mon nom, & pour te parler net,

COMÉDIE.

Regarde ma ceinture, & vois fous mon crochet,
Le fujet qui m'amene, & me fait compromettre,
Avec ta fuffifance....

CRISPIN.

Eh bien... quoi... cette lettre....

ARLEQUIN.

Elle eſt pour ton Patron, A Monſieur Alcandor.
  A ce ſignal, peux-tu douter encor
  De ta ſottiſe, & de mon importance?...
  Allons, fais moi la révérence,
Où je tiens mes grands airs.... un maître un peu brutal,
  En coups de pieds, & foufflets libéral
D'autant que ſans danger, il prend cet exercice,
  Et que je ſuis à ſon ſervice,
La lettre, & moi, nous a chaſſé tous deux,
  Or donc, je ſuis un méſſager boiteux,
  Mort de faim, de ſoif, de fatigue,
  De Chamberi trop tôt, & trop tard revenu;
  Voici tout le nœud de l'intrigue :
  Sur un Baudet, je me ſuis mal tenu,
Ses bonds m'ont fait manquer aux loix de l'équilibre,
  Ont délivré ma jambe de priſon,
  Et du fardeau, pour le rendre plus libre,
Au milieu des crapauds m'ont mis en garniſon.
Je m'en ſuis dépêtré, mais la méchante bête,
  Gagnant au pied, a rompu liaiſon,
  Moulu des pieds juſqu'à la tête,
  La gorge racornie, & le cerveau fendu;
A pied, clopin clopant, de froid tout morfondu,
De déjeûner ſur-tout me faiſant une fête,
A Geneve mes pas, m'ont à la fin rendu.
Mais *ſubito*, ſans prendre un peu de conſiſtance,
Mon maître n'écoutant que ſon impatience,
Et prévenant l'apprêt d'un récit importun,
Me charge de la lettre, & me renvoit à jeun.
     (*il préſente la lettre.*)

CRISPIN, *saisissant la lettre.*
Eh donne donc, Bavard !
ARLEQUIN, *donne un coup de batte sur la lettre qui tombe.*
  Toujours des épithetes !....
 Oh pour le coup, factoton familier,
 Tu danseras les olivettes !
   CRISPIN.
Grace Arlequin.... tu vas m'estropier.
   ARLEQUIN.
Ah ! tu sçais donc mon nom, quant il faut suplier...
 Je suis ravi d'avoir fait connaissance.
 Pour couronner la bonne intelligence,
 Qu'un ample déjeûner nous unisse !

Crispin se baisse pour reprendre la lettre, Arlequin lui donne de sa batte sur le dos. Crispin veut sauter sur Arlequin, Arlequin lui passe entre les jambes. Crispin tombe, Arlequin le rosse, & reprend la lettre qu'il met au bout de sa batte.

   CRISPIN, *à part.*
      Au logis,
C'est l'unique moyen, Crispin d'éviter pis.
   ARLEQUIN.
 Le factoton à la fin s'exécute.
 Vive l'énergie au besoin !
 Porte la main, camarade au bon coin ?
Mais doit-il revenir ?... ma foi, si la culbute,
Et le chatouillement ne sont pas de son gré,
 Il pourrait bien me laisser altéré,
(*il heurte encore*) N'ayez pas l'humeur rembrunie ?
 C'était pour rire, & pour un jeu,
 Gambader voilà ma manie,
 Je suis divertissant, mais j'ai jetté mon feu,
 Venez-moi du moins dire adieu,
 Et prendre le billet.

SCENE III.

M. ALCANDOR, ARLEQUIN.

Arlequin heurtant toujours, sans appercevoir Alcandor qui paraît, & à qui il donne de sa batte sur l'estomac.

ARLEQUIN, (*saluant.*)

Monsieur, je vous le donne.
ALCANDOR.
Très-sot complimenteur... en m'abordant pourquoi
Ce pétulant transport, qu'un bâton assaisonne ?
ARLEQUIN.
Pardon je vous ai pris pour la porte...
ALCANDOR.
tais-toi ?
ARLEQUIN.
La dureté factotonne est extrême !
Seriez-vous donc aussi factoton d'Alcandor,
Si vous l'êtes, de grace.....
ALCANDOR.
Alcandor, c'est moi-même...
Parle, que puis-je ?
ARLEQUIN.
Ah je respire encor !....
L'augure change, & ma voix se ranime.
Mort porte ailleurs tes coups, & lâche ta victime.
Volez, lettre, volez, & soyez ma rançon ?
ALCANDOR, (*prenant la lettre.*)
De qui me vient ?
ARLEQUIN.
Eh prenez, sans façon...

ALCANDOR, (*lisant la signature.*)
De Pantalon.... mais, ce me semble un rêve.
Et son fils, mon ami,
####### ARLEQUIN.
Son fils est à Geneve,
Qui sans doute a déja fait un repas complet,
Tandis que l'estomac de son pauvre valet....
####### ALCANDOR, (*lui donne un écu.*)
Je t'entends, est à jeun... Courier d'heureux augure,
Reçois de ton message, un juste & foible prix.
####### ARLEQUIN.
N'appellez pas ainsi le nerf de la nature,
Et qu'on peut diviser en soixante débris.
Je vais donc de la faim faire cesser les transes !
(*en s'en allant.*)
####### ALCANDOR.
Ton maître, où loge-t-il ?
####### ARLEQUIN.
A l'Hôtel des Balances.

Crispin arrête Arlequin au moment qu'il s'en va & le ramene en Scene.
####### ALCANDOR.
D'auberge, mon enfant, il vous faudra changer,
C'est moi qui veux avoir l'honneur de vous loger.
Prends soin de ce garçon, je te le recommande.
(*en s'en allant à Crispin.*)

SCENE IV.
ARLEQUIN, CRISPIN.

CRISPIN, (*tenant Arlequin par le colet.*)
LE soin que je prendrai de ce bec affilé,
Sera de perforer sa triste houppelande.

J'ai du cœur maintenant visage rissolé,
(*il tire son épée.*)
Voyons, si ma flamberge.... Ah tu fais l'emmiellé,
(*Arlequin se jette à genoux.*)
Et son sabre perd contenance !

ARLEQUIN, (*à genoux.*)
Appelle-tu cela, le vin de la dépense ?

CRISPIN, (*en garde.*)
Point de quartier... eh dela !

ARLEQUIN (*se couchant à terre.*)
     Je suis mort.
Cher Factoton, prends pitié de mes larmes !
Modére ce fatal transport :
(*levant la tête.*) Quelle grace il a sous les armes !

CRISPIN, (*en garde.*)
Qui te retient mon bras ? allons perce... en avant !

ARLEQUIN, (*supliant.*)
Ah ce n'est pas la peine
D'estafilader ma bedaine !
Il n'en sortirait que du vent.
Vois plutôt cet écu, signal de la concorde,
Je t'en offre une part.

CRISPIN, (*toujours en garde.*)
     Point de miséricorde.

ARLEQUIN, (*se relevant.*)
Ecoute-moi, ranguenne, & nous sommes amis.

CRISPIN, (*en garde.*)
Ami d'un scélérat, encore à si bas prix....
Non pendard, c'en est fait, non, tu ne peux plus vivre;
Défends-toi ?....

ARLEQUIN.
Volontiers, mais laisse moi poursuivre...
Cet attrayant écu, me vient de ton patron....

CRISPIN.
Qu'entends-je ô ciel ! & voleur, & poltron !
C'en est trop... apprends-moi ?

ARLEQUIN, &c.

ARLEQUIN.
Quelle rage funeste !
Si tu veux tout savoir, écoute donc le reste.
Moi voleur !... ah ma soif, n'est pas celle de l'or.
Ecarte ces soupçons, & sur-tout cette brette ?
C'est le port de la lettre à Monsieur Alcandor,
(montrant l'écu.)
Et le billet d'entrée à la guinguette.

CRISPIN.
Eh ! pourquoi si long-tems tourner autour du pot...
Tu n'es donc pas un astrogot,
Un avanturier, un foudrille,
Un excogrif, un gueux...

ARLEQUIN.
Non ventrebille,
Non,... je suis Arlequin valet de Lélio,
Le fils de Pantalon, & des rives du Pô,
La lettre & moi, mon maître, & ma maîtresse,
Nous arrivons..... mais je tombe en foiblesse ;
La peur, la faim, la soif... ah ! je ne sçais comment,
Résister davantage à ce triple tourment....

CRISPIN, *(renguaînant)*
A la pitié ma fureur céde.
Du premier de tes maux, voici le prompt remede;
Et pour te recrépir, & te fortifier,
Viens dévorer l'écu chez le traiteur Braguier.

ARLEQUIN.
Chez le traiteur Braguier.... Arlequin allégréfe !

COMÉDIE.

SCENE V.
Mde. ALCANDOR, LÉONOR, DORANTE, TRAFFIQUET.

Mde. ALCANDOR.

JE donne des avis, que jamais on ne pése,
Je l'ai prédit, je vous prends sur le fait ;
  La fête est là, point de bouquet.
A tout ce que j'annonce, on fait la sourde oreille,
Rassurez-vous Madame.... ayez espoir maman,
  Je prêche depuis près d'un an,
  Au dépourvu, je vous trouve la veille.
   (*à Léonor.*)
  Baliverner, user le tems
  A la musique, à la toilette,
  Dans les fadeurs de la fleurette,
  Laisser des oublis importants,
Voilà les soins de ma grande Perrette.
   (*à Dorante.*)
Un fils insouçiant bercé par les plaisirs,
De qui mal-à-propos, je préviens les desirs,
   Et caresse les fantaisies,
Et qui n'a de me plaire aucune jalousie,
  Ni pour mes goûts aucuns loisirs ?
   (*à Traffiquet.*)
Quant à Monsieur, quel reproche à lui faire ?
Chevalier de la fête, il n'est là qu'honoraire....
  Il a bien pû sans blesser un devoir,
   Tout oublier, ne rien prévoir,
  Il est bien vrai, soit dit par apostille,
Qu'avec un peu d'égard, de procédé, d'effort.....
  Mais il n'est pas de la famille !....

TRAFFIQUET.
J'en voudrais être, & vous me faites tort.
LÉONOR.
Vous nous croyez donc bien au dépourvu.
Mde. ALCANDOR.
Sans doute,
Ou tout au moins en pareil cas,
Les reſſources de vous ne naîtront-elles pas.
Sans moi, tout ferait en déroute,
Si je n'étais le reſſort principal,
Des machines qui m'environnent;
Tout reſterait au croc, oui, tout en général.
Sans ceſſe faudra-t-il, que les meres ordonnent;
Ce qui devrait ſe faire au plus léger ſignal !
Ces manchettes de points, des ſix mois entrepriſes;
Et que le dégoût, & l'ennui,
Des doigts de la pareſſe après mille repriſes
Avaient promis, pour offrir aujourd'hui,
Répondez-moi.... ſont-elles prêtes ?
LÉONOR.
On en peut acheter, maman de toutes faites;
Je ſais qu'en fait d'offrande, il n'eſt rien d'auſſi beau,
Que de donner ſon propre ouvrage,
Mais maman, les ſoins du ménage,
Et l'embarras de mon trouſſeau,
M'ont laiſſé peu d'inſtants.
Mde. ALCANDOR.
Autre mauvaiſe ruſe....
Ces loiſirs dérobés... ce trouſſeau Léonor,
Que vous apportez pour excuſe
De votre froid amour pour Monſieur Alcandor,
Vous en pourront ſervir long-tems encor.
A l'honnête homme, & trompant ſon attente,
Je n'irai pas livrer une épouſe indolente,
Inhabile aux devoirs qu'elle contracterait;
La Société clairvoyante,

COMÉDIE.

Est un juge qui m'épouvante.
La honte de vos torts sur moi réjaillirait ;
A moins qu'outrant mon caractere,
De dépit d'être votre mere,
Pour punir le plus grand de tous mes ennemis,
De mon courroux, vous ne soyez le prix.

TRAFFIQUET.
Jettez alors les yeux sur moi..... votre Commis
Adorerait votre colere.

Mde. ALCANDOR.
Y songez-vous, Monsieur, quel vertigo !
Une étourdie ! une femme sans tête,
Qui laisserait passer *incognito*
Le jour même de votre fête.

DORANTE.
La réplique ira loin, si nous la poursuivons ;
Il éclora mille bons mots.... voyons.

Mde. ALCANDOR.
Ce n'est pas mon dessein.... Ciel quelle étourderie !
Quand nous touchons au moment du bouquet,
Quand il faut concerter, quand il n'est rien de prêt ;
Cela passe la raillerie.
Eh ! songeons plutôt au sujet,
Qui nous inquiéte, & rassemble.
Profitons de l'instant, le seul peut-être à nous ;
On peut nous surprendre, j'en tremble,
Je crains sur-tout le tendre époux ;
Dans la minute il va paraître
A la tête de gens, dont il est engoué ;
Avant qu'on ait baisé, complimenté, loué,
Avant qu'on ait pu se connaître,
Nous aurons le regret, peut-être
De voir notre projet tout-à-fait échoué.

DORANTE.
Et nomme-t-on les personnages ?

Mde. ALCANDOR.
Le fils de Pantalon....

ARLEQUIN, &c.

LÉONOR.
Quoi ce grand excogrif,
Sans manieres, & sans usages
Qui fixant parmi nous le cours de ses voyages,
D'un établissement, fit l'apprêt le plus vif,
Et quatre mois après nous quitta sans motif.

Mde. ALCANDOR.
Ce n'est pas le même ma fille....
Ce qu'on nous envoie aujourd'hui,
Est le reste de la famille,
Le Chevalier, & sa sœur avec lui.

LÉONOR, *vivement*.
Le Chevalier !....

DORANTE, *vivement*.
Sa sœur !... & la dit-on gentille ?

Mde. ALCANDOR.
Voilà mon étourdi !.... quelle nécessité,
Qu'elle ait, où n'ait pas la beauté
Que votre fantaisie exige....
Ne peut-on pas être exempté
De vous présenter un prodige ?
Mais nous sommes encore, entortillés, perdus
Dans notre labyrinthe.....
La fête, la fête, & rien plus....

LÉONOR.
Pour la fête, maman, n'ayez donc plus de crainte ?
Bouquet, cadeaux, compliment, grand couvert
Et bal après la table,

TRAFFIQUET.
Où plutôt un concert.

LÉONOR.
Un concert en effet, vaudrait mieux que la danse,
J'y peux exécuter deux modernes *Duos*,
Ils auront pour la circonstance,
Le mérite de l'apropos.

COMÉDIE.

TRAFFIQUET.
Oui, sur-tout le danger d'un funeste repos,
Dans les langueurs de l'inexpérience.
LÉONOR.
Et le *Duo* de la persévérance.
Mde. ALCANDOR.
Enfin, je vous retrouve avec le jugement,
Mais j'entends le mari... *motus*, & hardiesse.
Passons tous en une autre piece,
Pour nous fixer invariablement
Sur le mieux de l'arrangement.

SCENE VI.

M. ALCANDOR, Mde. ALCANDOR.

(*les autres personnages s'en vont dès le premier vers.*)

M. ALCANDOR.
(*une lettre déployée à la main.*)
Que chacun rentre... & vous restez Madame ?
Mde. ALCANDOR, *voulant s'en aller.*
Je ne veux rien savoir de vos gens de Bergame.
ALCANDOR, *la retenant.*
Je m'empare de vous, & ne vous quitte plus,
Que nous n'ayons ensemble analysé...
Mde. ALCANDOR.
Phœbus
Pauvreté pure, & projet impossible !
ALCANDOR.
Mais de grace lisons :
Mde. ALCANDOR.
Que vous êtes terrible !
Hé bien, lisons, Monsieur, puisqu'il est arrêté,

Que sans excès de complaisance,
On ne saurait avoir un peu de liberté.
   ALCANDOR, *lit.*
De Bergame.
    Mde. ALCANDOR.
  Tâchez d'abréger la séance....
Passons à l'important.
    ALCANDOR.
     L'important le voici :
Mon intime, *j'ai lieu* (remarquez bien ceci.)
J'ai lieu de m'applaudir de l'idée excellente,
 De vous avoir adressé mon aîné,
Ses progrès sous vos mains, *ont passé mon attente* ;
C'était un crâne un indiscipliné,
Mais de Bergame aujourd'hui jusqu'à Rome,
Son semblable à coup sûr, *serait envain cherché.*
C'est l'ornement du pays.
   Mde. ALCANDOR.
     Le pauvre homme *!*
Qu'il se contente à bon marché *!*
    ALCANDOR.
Ornement du pays. (Oui cela se devine.)
Sur cet espoir acrû dans sa racine,
 Et sur la foi de l'amitié,
Aujourd'hui, *je vous achemine*
Mon Chevalier, *& sa sœur Argentine.*
Ils ont l'esprit tous deux fort délié.
Précieux avantage, & de grande ressource,
Pour préluder dans le cours des beaux Arts,
Des Maîtres à foison... n'épargnez pas ma bourse.
 Le fils est de ces égrillards
Qu'il faut suivre, *& veiller sans cesse ;*
 Dissipé, *joueur*, *verd galant*,
Mais rempli de droiture, *& le cœur excellent.*
Toutes les qualités de l'aimable jeunesse,

           Et

COMÉDIE.

Et peu de ses défauts, où du moins d'une espece,
A ne pas allarmer un adroit surveillant.

Mde. ALCANDOR.

Le Pantalon sait bien farder sa marchandise.
Mais à coup sûr j'en rabattrai,
Monsieur le Chevalier, quand je vous connaîtrai.
Et la fille, voyons, comme il la préconise?

ALCANDOR, *lit.*

Quant à ma fille, en Pere prévenu,
Je pourrais vous vanter son caractere aimable,
Ses graces, sa beauté, son esprit ingénu,
Sa candeur, ses vertus, mais je serais blâmable,
Et le tableau d'ailleurs serait trop nu.

Mde. ALCANDOR.

Je vous la maintiens pitoyable.
Des graces de Bergame... Ah c'est pour en périr !

ALCANDOR, *avec humeur.*

Condamne-t-on un fait sans l'éclaircir ?
Qui ne vous plaît d'emblée, est fort à plaindre ;
Eh morbleu, voyez les, Madame, & jusqu'alors,
Promettez-moi de vous contraindre.

Mde. ALCANDOR.

Ah vous tirez sur moi,.... mais tous les Alcandors ;
Et tous les Pantalon, je vous le dis sans feindre,
N'obtiendront rien.... je ne ressors
Pour tous mes goûts, que de moi-même.

ALCANDOR.

Votre entêtement est extrême.
Madame, poursuivons... la fin vous ravira :

Mde. ALCANDOR.

Ravissez-vous tout seul....

ALCANDOR, *très-vivement.*

Mais, Madame, il faudra,
Qu'enfin l'autorité s'en mêle ?...

Mde. ALCANDOR, *s'en allant.*

L'autorité !........ le moyen est trop frêle,

B

Et vous savez le cas qu'on en fait faire... Adieu.
   ALCANDOR, *la suit.*
Je n'en démordrai pas.... ô ciel quel boute-feu !

SCENE VII.

LÉLIO ARGENTINE, ARLEQUIN.

LÉLIO.
Il n'est point d'incident, qui ne me persécute.
Nous quittons un moment l'hôtel, pour le baigneur,
Et Monsieur Alcandor choisit cette minute.
Je me faisais un point d'honneur,
De le voir le premier ; & c'est lui qui débute.
L'urbanité genevoise exécute,
Quand la notre calcule, & se change en lenteur ?
ARGENTINE.
Loin d'attendre à l'hôtel notre sot interprête,
Au saut de la voiture, & tels quels, sans toilette,
Nous mêmes eussions dû nous venir annoncer ;
  J'en suis honteuse, & c'est glisser
  Au premier pas que je fais à Geneve.
ARLEQUIN.
Glisser n'est rien, quand le corps se reléve ;
C'est mon prélude à moi, qui sonne mal,
Car autant en serait, si j'étais de cristal !
LÉLIO.
Et pourquoi sans égard à toutes mes défenses,
Révéler que j'étais à l'hôtel des balances ?...
Au diable, & de bon cœur, les valets mal adroits !
ARLEQUIN.
J'avais rendu la lettre, & je tournois casaque,
  Sans souffler, sans signe de voix.....
Un écu m'est offert, ma langue se détraque,

COMÉDIE.

Voilà le secret aux abois,
Le cérémonial au diable,
Le Patron en campagne, Arlequin restauré
Par un déjeûner délectable,
Et mon maître tout effaré !
Cinq effets de la même cause !

LÉLIO.

Cinq sottises !

ARLEQUIN.

D'accord, mais ainsi va la chose,
Que ne pouvant aller differemment,
Le mieux est de laisser courrir l'événement.

ARGENTINE.

Où dis-tu qu'Alcandor....

ARLEQUIN.

Vous êtes à sa porte,
Faut-il vous annoncer ?....

LÉLIO.

Discoureur, que t'importe ?
Qu'ici, je te retrouve ou je t'assomme, *à argentine.*
Entrons :

ARLEQUIN, *seul.*

Ou je t'assomme...entrons...c'est clair...nous demeurons !
Heureusement qu'à la guinguette,
Je n'ai rien laissé desservir
Et que fort prudemment, j'ai fait une cueillette,
De vingt morceaux, qui me feront plaisir,
Fouillons à l'arsenal..... un morceau de fromage !
(*il tire de ses poches ses diverses provisions avec beaucoup de lazis.*)
Un autre de jambon !.... plus un reste d'herbage,
(*une laitue.*)
Plus une tartelette !.... item un champignon !....
Plus un quartier de pain ! & quoi plus, un oignon !...
Je ne me croyais pas si bien en pacotille,....

B 2

Mon appétit renaît.... mets toi commodément...
(*il s'affied à terre.*)
Prends patience, Arlequin, & crouftille ?...

SCENE VIII.

ARLEQUIN, & VIOLETTE.

(VIOLETTE, *entre une minute après les premiers lazis Parcourrant le théatre, & éclatant de rire à chaque mot, fans appercevoir Arlequin*)

JE n'y tiens plus, j'étouffe, & je me trouvais mal;
J'allais évanouir, par le befoin de rire;
 C'eft un vrai tour de carnaval !
Quelle efpece de fille, & quel drôle de Sire !
L'un jouant du chapeau, l'autre du falbala;
 La *Signore* par ci, le Chevalier par là !
 (*elle contrefait les faluts & les révérences.*)
 Il était temps d'abandonner la place....
 Je leur faifais quelque incartade en face,
 A les interloquer, & gagner un fouflet;
  J'avais beau retenir mon fouffle,
  Appuyer fort fur ma pantoufle,
  Trépigner, tendre le jarret......
Miféricorde, ô ciel !... ô vifion étrange !
Je me meurs, je fuccombe...à l'aide mon bon Ange !
Ombre trop redoutable, ah ne m'étrangle pas !

(*elle approche d'Arlequin, & recule d'effroi au coin du théatre oppofé, Arlequin à fon premier cri, fe leve épouvanté, & recule jufqu'au fond du théatre une tartelette moitié hors de la bouche, & avec tous les lazis de la peur*)

SCENE IX.

Les précédents, & CRISPIN, accourant.

CRISPIN, *avec beaucoup de démonstrations.*
Quels cris ont pénétré jusques dans la cuisine ?
Quel noir pressentiment m'agite, & me domine !
  Mort de Crispin... j'avais prévu le cas.
Mais ne présumons rien, c'est le plus raisonnable;
Soyons humain, même en dépit du diable.
Ma pauvre femme, ouvre les yeux.....
Favorise Crispin d'un regard gracieux.
  (*il s'empresse autour de Violette.*)
  ARLEQUIN, *avec les lazis de la peur.*
Sa femme a pris la crampe, & moi je bats la fievre;
  Notre frayeur n'a pas le même ton ;
  Elle est roide comme un bâton ;
  Et je grelotte comme un lievre.
   CRISPIN.
De mon repos, où sont les ennemis ?
  L'horreur du trépas l'enveloppe ;
Ma femme, fors de l'affreuse sincope,
Où tes esprits vitaux se trouvent compromis.
O vous qui contemplez ma peine infructueuse,
   (*au parterre.*)
N'auriez-vous point sur vous, quelque eau spiritueuse?
Jettez-moi des cizeaux, pour briser son lacet,
   (*après réflexion.*)
Si je lui donnais un soufflet.... (*il le lui donne.*)
   VIOLETTE.
Impitoyable mort, lâche ta pauvre veuve !
Je vais tout raconter....
   CRISPIN.
   O ciel, à quelle épreuve,

Ce vertige met-il ma curiosité ?...
Eh bien, raconte tout avec sincérité ?
Elle reprend hélas sa léthargie...
Je vais la transporter en son appartement.
Peut-être un peu de remuement,
Rappellera la pauvrette à la vie.
(*il la prend dans ses bras, & fait le tour du théatre.*)
VIOLETTE, *donnant un soufflet à Crispin.*
Rentre en enfer, phantôme inattendu ;
Je ne suis plus la femme d'un pendu....
Ciel, un enlévement !
ARLEQUIN.
(*Escorte Crispin, & frappe de sa batte sur le dos de Violette.*)
Femelle ensorcelée,
Pour ton résurrectif, reçois cette volée,
Beaume excellent pour exciter le pouls,
In *extremis*, il faut des coups de maître.
VIOLETTE.
Au meurtre, on m'assassine... ah voilà bien le traitre,
Je le reconnaîtrais seulement à ses coups.
ARLEQUIN, *seul riant.*
O vertu magnétique... incomparable batte,
Vous avez mérité le pas sur Hippocratte.
On publiera dans les journaux,
Dans l'Almanach, sur la Gazette,
Arlequin a trouvé le remede à tous maux,
Et voilà ma fortune faite.
Je suis électrisé.... je ne sais quelle erreur !
De mon oreille a passé dans mon cœur !
Quels cris perçants, & quelle mine !
Il me semblait entendre une autre Colombine ;
La même voix, le même ton,
Quand ma carogne était sous le bâton :
Graces.. miséricorde.. au secours... on m'assomme...
J'ai rossé l'une & l'autre, & c'est ma foi tout comme.

COMÉDIE.

Madame Factoton, il vous convient fort mal,
D'oser crier, comme on pleure à Bergame,
Et de me rappeller en singeant notre femme,
Un souvenir amer,...... & matrimonial...
Et le sot de Crispin, *la bestia maladette*,
   Qui se trémousse, & s'inquiette,
  Pour conserver une si rare peau...
  Pauvre mari.... le vertige est nouveau.
  Voici la Compagnie.

SCENE X.

ALCANDOR, Mad. ALCANDOR, LÉLIO, ARGENTINE, DORANTE, LÉONOR, ARLEQUIN.

ALCANDOR, *à Lélio.*

      AH pour cette journée,
Elle nous appartient, & doit m'être donnée,
Mon intérêt prévaut sur vos plaisirs,
  Et ma tendresse est obstinée
A mériter un droit sur vos premiers loisirs.
    LÉLIO, *à Alcandor.*
Pour deux heures au plus, congé, je vous en prie;
  Quand je promets, jamais je ne varie.
    ARLEQUIN, *à Alcandor.*
Seignor, pour le dîner.... nous n'y manquerons pas.
Force *macaronis*.... mon maître en fait grand cas.
    ALCANDOR, *avec bonté à Arlequin.*
Tout ira bien.
        ARLEQUIN.
          Je m'en rapporte.

Mais, quelle est dittes-moi l'étiquette aux repas ?
Les maîtres sont à table.... & les gens de l'escorte,
  Mangent-ils la soupe à la porte ;
Est-ce encore un usage ?
   LÉLIO, *lui donnant un coup de pied.*
     Exécrable, *tais-toi ?*
    ALCANDOR.
Ne le chagrinez pas... il est de bonne foi,
Et je lui veux un bien, que je lui renouvelle,
Pour m'avoir ce matin, porté bonne nouvelle.
     LÉLIO.
Mais il parle, il agit, toujours à contre tems.
  ARLEQUIN, *se frottant la cuisse.*
Et vous gesticulez toujours à contre-sens.
LÉLIO, *à Mde. Alcandor lui demandant la liberté*
    de sortir.
Permetrez-vous Madame...
   Mde. ALCANDOR.
    Oui, sans cérémonie ;
Mais souffrez que Monsieur (*Alcandor*) vous fasse
   compagnie...
   ALCANDOR, *à Lélio.*
Vous verrez que je suis un guide fort adroit.
    LÉLIO.
Mais.

   Mde. ALCANDOR.
Je le veux ; il est ici de droit,
Que sur-tout le beau sexe exige,
Et que sur rien, on le désoblige.
    ARGENTINE.
Mais.
    LÉONOR.
Pour vous, Argentine, il n'est pas à propos,
Qu'à peine un pied à terre après un long voyage,
Vous alliez sans sujet vous lasser davantage,
Donnez quelques instants aux douceurs du repos ?

COMÉDIE.

Je vous offre les soins d'une amitié solide ;
Vers votre appartement, souffrez que je vous guide.
ARGENTINE.
Mais.
DORANTE.
Sur mes droits, vous empiétés, ma sœur ?
Sigisbé d'Argentine, est un titre d'honneur,
Pour lequel en tout sens, je me sens préférable,
S'il vous est de sortir, *Signore*, indispensable,
Agrées de ma main la médiation.
Ce sont moments sujets à restitution,
Que ceux passés à se faire une amie ;
J'en réclame l'économie,
Et n'allez pas ma sœur, vous récrier....
Chacun son lot... prenez le Chevalier.
LÉLIO.
Mais,
ALCANDOR.
Je l'ordonne, & cela veut tout dire...
ARGENTINE.
Mais,
DORANTE.
Je supplie, & cela peut suffire.
ARGENTINE.
Je me soumets.
LÉLIO.
Nous sommes tout à vous.
ALCANDOR.
Tout compliment fini, partons...
*Tout le monde se salue & Alcandor Lélio, Argentine,
& Dorante sortent.*
LÉLIO, *à Arlequin.*
Faquin suis nous.
Mde. ALCANDOR, *à Léonor.*
Dans une coupe inépuisable,
Nous venons d'avaler le poison de l'ennui.

Encore deux doses aujourd'hui,
Une à la fête, & l'autre à table,
C'est un grand assommeur, que ce sot Chevalier !
Quant à la sœur Oison, elle est si pitoyable,
Que vous pouvez, je crois la défier....
Ah mes débarqués de Bergame...
Quel démenti formel vous donnez au portrait,
Que Pantalon avait fait de votre ame ?
Je l'avais bien prédit ; le bon homme a surfait
L'intrinséque valeur du paternel extrait ;
Mais on ne me vend pas le fourreau pour la lame.
Dorante est du cortège, & j'ose mettre en fait,
Qu'on ne le verra plus qu'à l'heure du bouquet.
  Toujours, nouvelles anicroches !
    LÉONOR.
On saura s'en passer.
    Mde. ALCANDOR.
      Où se tient Traffiquet ?
     LÉONOR.
Il a porté l'éveil à nos faiseurs de croches.
  Mad. ALCANDOR, *avec un air de mistére.*
Jurez-moi, Léonor, que sur cet amoureux,
  Lélio, même en concurrence
D'esprit, de qualités, & de soins généreux,
  N'obtiendrait pas la préférence....
    LÉONOR.
Je n'ai pas consulté mon cœur sur ce danger.
  Et la réponse est un peu difficile.
  En ce cas Léonor, vertueuse, & docile
Ne prononcerait pas, & saurait subroger
  Ses sentimens pour l'étranger
  A votre opinion, à votre tact subtile,
   Sur ce caprice passager.
   Mde. ALCANDOR, *l'embrasse.*
Pensez toujours ainsi, j'ai des raisons secrettes,
Et qui touchent de près votre félicité,

COMÉDIE.

Pour ftimuler en vous l'efprit de fermeté.
LÉONOR, *s'en allant.*
Ces raifons pourroient bien être franches fornettes.
(à part.)
Mde. ALCANDOR.
Oui ma chere fille oui..... mais ces précautions.
En cet inftant doivent peu vous diftraire ;
Songez à vos bouquets.... je vais au fécretaire
Dreffer pour le concert mes invitations.

ACTE II.

SCENE PREMIERE.

ALCANDOR, LÉLIO, ARLEQUIN.

ALCANDOR.

Des probabilités, la mienne est la plus claire.
 Chimére aimable, dites-vous ?
Ah mon ami ! dès qu'elle peut vous plaire ;
 J'en augure très-bien pour tous.
En homme de bon sens, dites-moi, que désigne
Notre cher Pantalon par sa derniere ligne ?
Qui connut mieux son cœur, doit mieux l'interprêter.
 Ce double hymen qu'il voit s'exécuter,
  Et qui réjouit sa vieillesse ;
Ce tréfaillant transport qui l'enflamme, & le presse ;
Ces adieux décidés ; ce triomphe des sens
 D'un pere plein de sa tendresse,
Mais qui la dissimule à ses propres enfants,
Et permet leur départ, sans trouble, & sans foiblesse
C'est d'après tous ces plans, que je devrais blâmer
 Votre délicatesse extrême.....
Vous, craindre que jamais ma fille ne vous aime !
Sentons nos droits, sachons les réclamer.
Son goût pour traffiquet, est dailleurs un problême ;
Mais fut-il vrai, je me suis déclaré.
Où rester fille, où l'époux à mon gré,
Goût puéril : penchant insoutenable,
Sans consistance, & fondé sur l'ennui !

On est près d'un enfant, on s'amuse avec lui ;
Mais l'écolier s'enfuit devant un homme aimable.
LÉLIO.
Voudrez-vous bien, Monsieur, me laisser mériter
    A l'appui de votre entremise
Et la gloire, & le titre auxquels, sans hésiter
    Votre noble aveu m'autorise.
Car malgré votre avis sur un goût mal formé,
    Et malgré son invraisemblance,
    Je crains l'injuste concurrence
Que j'irais opposer au jeune homme animé
Par mes prétentions, & votre résistance.
J'abjure ce triomphe, il blesse ma fierté ;
Un cœur doit se livrer lui-même,
    Et sans concours d'autorité.
    Si par une contrainte extrême....
ALCANDOR.
Moi, contraindre ma fille !.... ah ! connoissez-moi
    mieux :
La dessus, je sçais trop les meilleures maximes ;
J'ai des droits ; oui sans doute, & je les tiens des Dieux,
Mais trop amplifiés, ils sont illégitimes !
    Envers elle de mes bienfaits,
    Le plus léger, qu'est-il ? la vie.
Mon unique devoir, ma plus ardente envie ;
Que font-ils ? son bonheur... & ces droits contrefaits
    Par l'abus, & la tyrannie,
En quoi consistent-ils ? & d'où sont-ils extraits ?
Le hasard seul, préside à la naissance,
    Le hasard fait notre puissance,
    Mon cœur ne voit rien au-delà.
    Mais quand Alcandor vous assure,
Que vous plairez dès qu'on vous connaîtra ;
Il croit ne rien outrer... & suivre la nature.
LÉLIO.
Ah s'il doit être ainsi, je suis tout disposé

A lui faire l'aveu sincere
Du feu dévorant que son pere
En mon ame sensible a lui-même attisé,
Par son prévenant caractere.
ALCANDOR.
Vous pouvez me mettre en avant,
ARLEQUIN, *à Lélio.*
Et pousser votre pointe en vaillant gentilhomme.
Sangodemi, Papa, vous êtes bon vivant !
(il saute au col d'Alcandor.)
Mais parlez de régler la somme ?
Une femme sans dot est un vaisseau sans vent...
Et vogue la galère !.....
LÉLIO, *lui donnant un souflet.*
Impudent, téméraire
Voilà de ton caquet, le digne, & prompt salaire.
ARLEQUIN.
Article au compte des faveurs.
Oh ! mon maître n'est pas de ces mauvais payeurs,
Par goût éternisant leurs dettes ;
Ses généreuses mains se trouvent toujours prêtes
A vous payer en bons souflets, comptant.
L'argent pourra venir, & c'est toujours d'autant.
ALCANDOR.
Fallait-il le punir d'un élant d'allégresse,
Né de ses sens, où de ses sentiments,
Et qui me plaît, & m'intéresse,
Hors ses gestes trop véhéments,
Quoique remplis de gentillesse.
ARLEQUIN.
Jamais partant de là *(le cœur)* furent-ils engoncés ?
Le cœur est comme un microscope,
Bourré de sentiments pêle mêle entassés,
Qui grossissant, percent leur enveloppe,
Et sont d'autant plus vifs, qu'ils étaient plus pressés.
Mais avec un patron injuste,

COMÉDIE.

Ayons de l'inſtinct, c'eſt aſſez.
Ne nous aviſons pas ſur-tout de parler juſte;
Sotte dépenſe, & ſoupe aux trépaſſés.

LÉLIO, *mettant la main ſur la garde de ſon épée*
Que j'aurais de plaiſir à t'abattre une oreille !

ARLEQUIN.
Qu'en feriez-vous ?

ALCANDOR, *à Arlequin.*
Ami, je te conſeille,
De réprimer un inſtant ton eſſor.
(*à Lélio.*)
Preſſez un entretien auprès de Léonor
Demandez, méritez de lire dans ſon ame;
Encouragé par ce premier ſuccès
Cherchez dans l'eſprit de ma femme
A tenter de nouveaux progrès.

LÉLIO.
Mais à ce traffiquet, dont Madame eſt coëffée;
Si j'allais ſervir de trophée ?
Si trompant mon eſpoir, on s'en faiſait un jeu ?

ALCANDOR, *avec fermeté*
Ami, j'ai de la ſêve, & marche ſans gourmette.
Reclamez-vous alors de mon aveu ;
On redoute au logis le tour de ma barrette,
Et je la tournerais morbleu.

LÉLIO.
Voilà l'autorité dont mon cœur ſe défie....
Un rien met en deffaut, votre philoſophie....

ALCANDOR.
Nous nous entendons mal, & vous vous égarez.
Loin d'altérer les principes ſacrés
Que je vous annonçais comme la baſe auguſte
Des mœurs d'un pere, & de ſes procédés,
Je vous ſoutiens qu'il peut ſans ceſſer d'être juſte,
Pour affermir des projets éludés
Par le caprice, où l'ignorance,

Ramener doucement sa femme à son devoir
D'abord par la raison, enfin par sa puissance
Mais sur tous ces moyens vous sçaurez prévaloir
Je ne veus qu'un peu de courage.

ARLEQUIN.

Aux armes, mon cher maître.... essayez l'abordage....
Et s'il vous faut un coup de main,
Comptez sur tout mon zele, en dépit du levain
Que délaye en mon cœur un reste de rancune.

LÉLIO.

Ton zele est ridicule, & ta rancune un jeu.
On sçait méprifer l'un, & se passer de l'autre.

(A Alcandor.)

Je la verrai, Monsieur, & lui ferai l'aveu
De l'espoir enchanteur qu'autorise le vôtre
Et pour vous égaler en générosité,
Je jure ici, que le prix de ma flamme
Ne sera point l'effet de la nécessité ;
Mais je compte sur vous auprès de votre femme.

ALCANDOR.

Morbleu faittes y fond en toute sureté

ARLEQUIN, *qui a apperçu une corbeille de fleurs avec lesquelles il joue.*

Bouquets mignons, dont les doux aromates
S'évaporant par mon nazeau
Depuis long-tems, m'embaument le cerveau,
Par quel hasard tombez-vous sous mes pattes ?

ALCANDOR.

D'où nous vient en effet ce volume de fleurs ?
Ah j'entrevois.... permettez, que j'en rie....
Cette corbeille.... on la croît bien ailleurs ;
Et Léonor, peut-être par des pleurs,
Va payer cette étourderie....

LÉLIO, *avec étonnemens.*

Je n'y suis pas....

ALCANDOR.

COMÉDIE.

ALCANDOR.
Apprenez, mon ami,
Que chaque année à cette époque,
Vingt fois mon cœur en a gémi,
On me bourfoufle, on me fuffoque
Des béatilles de l'amour.
Il n'eft rien, non rien en ce jour,
Qu'on n'invente, & qu'on ne prodigue,
Pour de ma fête annoncer le retour,
Et ce plaifir là me fatigue.
Je ne fortis jamais de cet affaut
Sans oppreffions d'allégreffe,
Mais on eft pere, il faut faire le faut,
Ou renoncer à la tendreffe.

LÉLIO.
J'en ferai mon profit, fi vous y confentez.
(*Prenant la corbeille.*)
Groupes charmants, figne des voluptés.
Qui devez inveftir le tendre cœur d'un pere,
Servez à mon amour d'expédient profpére.
Miftérieufement, & comme à votre infcu,
Je les vais reporter à la belle oublieufe.
Augure précieux d'une union heureufe,
Dont les rofes feront l'immuable tiffu.

ALCANDOR, *dans le raviffement.*
Vole mon fils, & que rien ne t'arrête !
C'eft trop analifer un amoureux projet....
Que ton triomphe embelliffe ma fête,
Et que ce foir de ce même bouquet,
Je puiffe couronner la tête,
Et celle du gentil objet,
Dont tu vas faire la conquête, *ils rentrent.*

ARLEQUIN.
Voilà mon maître au trébuchet
De la bêtife conjugale.
Quel radotage !.... oh je l'aurais gagé,

Que ces *ambages* de morale,
Où sans y rien comprendre, il s'étoit engagé,
Lui bruleraient la glande pinéale.
Il en tatera donc..... pour moi j'en suis gorgé.
Pénétrons enfin l'antichambre ?
Comme aujourd'hui, je vis de casuel,
Peut-être y trouverai-je une fille de chambre,
Une soubrette, un diable.
   LÉLIO, *reparaissant.*
       Arlequin à l'hôtel !
Je t'y rejoins... déplois ma garde-robbe ?
Une fois déclaré... zeste, je me dérobe,
Et reviens à la fête en costume galant,
Epris d'amour, de luxe étincelant.
   ARLEQUIN.
Mais si par funeste avanture,
Vous veniez à tirer votre poudre aux moineaux,
Endossez-vous toujours les habits nuptiaux ?....
Le négligé du corps en telle conjoncture,
Exprimerait bien mieux sous des lambeaux
  Le désordre de la nature.
   LÉLIO, *rentrant.*
Sors l'habit pourpre, épilogueur maudit !
   ARLEQUIN.
Oh malpeste ! quel appétit !
On dirait, si fort il espére,
Qu'il n'ait plus chez notre beau pere
Qu'à porter son bonnet de nuit.
Adieu logis.... adieu soubrette,
Adieu fille de chambre, & toi cuisine adieu.
Mes vœux jusqu'à ce soir ne sçauraient avoir lieu,
Je vais d'un fou préparer la toilette.

SCENE II.

ARGENTINE, & DORANTE.

DORANTE.

Songez belle Argentine, au dangereux travers
Que vous vous prêteriez par cette fimagrée...
Il eſt admis, preſqu'en tout l'univers,
Qu'une femme en joüant doit être évaporée ;
Sur-tout quand elle eſt belle, & qu'elle a pour voiſin
Un cavalier de ton, qui la foutient gentille,
  Et lui fournit l'éclat dont elle brille,
  En s'érigeant pour ſon lutin.
  Notre ſiecle eſt celui de la galanterie
  Hors d'elle ennui, pitié, biſarrerie !
Hors d'elles pauvretés des gothiques ayeux,
Qui pour nous précéder, n'en valurent pas mieux.
  Se défendre, eſt courir au piége ;
  Les grands airs paſſent pour manège,
  Et reſpecter..... c'eſt mépriſer.
Tout bonnement, permettez-moi d'oſer
  Et que le plus tendre baiſer,
  M'en expédie un privilége.

ARGENTINE.

En vérité, Monſieur, vous demandez
Des choſes indéfiniſſables !...

DORANTE.

Rien de plus ſimple avec des procédés,
Et des mœurs un peu ſociables.
Ces mœurs, je veux les vous donner,
Et vous mettre au courant.

ARGENTINE.

    Ce courant là m'effraie ;

De ce souci ma raison vous défraie.
Le vrai ton, selon vous, serait de profaner
Les principes reçus d'une vertu gothique,
Et de ce vieux bon ton, moi, Monsieur, je me pique.
Sauve-garde du sexe, il en est l'ornement,
Il est de tout pays, il est de tous les âges,
S'il heurte un étourdi, pour dédommagement,
Il aura l'aveu de vingt sages.
DORANTE.
Les sages de nos jours à les tous prendre en gros
Du goût le plus pervers sont la sentine impure ;
  Elle est cette foule de sots
  La surcharge de la nature ;
Mais l'étourdi, mais moi, c'est bien d'une autre allure;
Dispensateurs des noms, nous sommes les prévots
  De la messagere céleste.
Ses bouches son cornet, sans nous seraient de reste,
Nous lui donnons l'éveil au sein de jupiter,
Et c'est sur nos arrêts, qu'elle sonne, & fend l'air.
Ayez le bon esprit, adorable Argentine,
De me laisser diriger votre essor.
Au temple de mémoire, on n'eût point vû Corinne,
Si tout autre qu'Ovide, eût été son mentor.
ARGENTINE.
De vivre en l'avenir, si j'avais fantaisie,
Je céderais peut-être à vos généreux soins ;
Mais dans l'obscure, & simple bourgeoisie,
J'ai fixé pour toujours mon sort, & mes besoins.
DORANTE.
C'est être trop revêche aux loix de l'influence,
Que braver son étoile.... ah je prends sa défense,
Et de nous en ce choc, s'il sort un triomphant,
Ce sera moi.... je combats un enfant.
ARGENTINE.
  Quelle classe assigner à la folatrerie
  De votre plan de liaison...

Le mieux sans doute, est que j'en rie…
Vous êtes bien pressant…
DORANTE.
Et c'est avec raison…
L'assomante fadeur de la cajolerie,
L'insipide tissu d'une intrigue au compas,
Et les froides langueurs d'un beau berger *hilas*
Sont, tous moyens usés de la vieille cythére
Autres temps autre caractere !…
ARGENTINE.
Je n'entends rien à ce galimathias,
Mais je vois clairement qu'à Geneve, on se passe
De ce respectueux, & prolongé souci
Qui couzant une intrigue en fait toute la grace…
DORANTE.
Vous sortez de mon sens, & le mot le voici :
On tranche seulement sur les préliminaires,
Et le roman se fait en racourci.
ARGENTINE.
C'est bien adroitement abréger les affaires…
Mais qu'avons-nous ensemble à terminer ainsi ?..
DORANTE, *avec feu.*
Un traité de foi conjugale
Qu'un notaire paraphera
Et que Dorante achevera
En y mettant la sanction finale
Dès qu'Argentine y souscrira.
ARGENTINE.
C'est débuter comme ailleurs, on termine ;
Que de plein vol, usurper tous les droits,
Où l'épreuve d'un an, tout au plus achemine.
DORANTE.
Ne m'opposez-donc plus vos préjugés bourgeois.
Si l'on cite un Philinte aux pieds de sa maîtresse,
Qui vainquit ses rigueurs, que l'amour consola
On en peut nommer cent dupes de leur tendresse,

Et l'intrépidité ne va plus jufques là.
ARGENTINE.
Je vous fçais gré, Monfieur, de votre zele extrême
A réunir en moi le mérite au bonheur.
Auprès de vos parents, accordez-moi l'honneur
  De difcuter votre étrange fiftême.
Peut-être alors que j'y tiendrai mon coin.
DORANTE.
Mais c'eft folie... approuvez-le vous même!..
ARGENTINE, *rentre.*
Non, je vais leur parler de votre tendre foin.
DORANTE, *feul.*
  Le début eft neuf, & burlefque.
La *Signore* ingénue eft à mon jugement,
  Auffi jolie que grotefque.
Je ne croyais plus guere au fentiment
Mais j'en rabats, tant ma nimphe en étale !
 Il ne lui faut à la moderne omphale,
  Que des fileurs, automates glacés
  Contenus par la martingale
Du lourd refpect, dont ils font empoiffés.
Moi, j'aime le fruit verd, à la premiere vue,
Je m'en empare, & cric crac, fous la dent.
Au char de la beauté, fuivant maint prétendant,
On ne me verra point faire le pas de grue.
Je cracherais contre un cœur enfumé
Ufé d'expérience, & qu'aurait écrêmé
Un tas d'emmufelés courants la même lutte.
  Le fot ragoût, la bonne chûte,
  Lorfqu'à titre de vétérant
  Vous époufez feul pour dix mille,
  Et foldez pour toute une ville
  Un compte ouvert depuis un an
  De cruautés, de brufqueries,
  De petites noirceurs, & de bifarreries.
Le charmant protocole à briguer pour un fot,
Je veux bien être époux, mais fur une autre dot.

SCENE III.

VIOLETTE, CRISPIN, & DORANTE.

VIOLETTE.

MAis allez donc, Monsieur, votre mere s'agite,
Seule pour tous, & se dépite.
Pour vaquer aux apprêts, elle a subtilement
Mis l'époux en partie, & veut absolument
Que l'on vous cherche, & qu'on vous dise,
Combien de vos lenteurs, elle se formalise !

CRISPIN.
L'étrangére vous fait oublier le bouquet....

DORANTE.
Oui... tu dis que ma mere.

VIOLETTE.
Est en son cabinet ;
Et vous attend.

DORANTE.
Que fait la compagnie ?

VIOLETTE.
Le Pesant *pays nostre* en conte à votre sœur,
Traffiquet est en l'air, pour notre simphonie.

DORANTE.
Et la farouche agnès.

VIOLETTE.
Boude, & nous tient rigueur.

DORANTE, *rentrant*.
La voilà bien... pauvre génie !

CRISPIN, *à Violette*.
Scais tu qu'on se marie, & qu'on est résolu,
D'être enfin honnête homme, & sage, le sçais-tu ?

VIOLETTE.
La nouvelle est édifiante....
Et qui dans la maison, prend ces deux partis là ?
CRISPIN.
L'honnête homme, c'est moi, le sage, c'est Dorante
VIOLETTE.
Je ne crois pas un mot de tout cela.
CRISPIN.
Rien de plus sûr, on épouse Argentine.
VIOLETTE.
Ah ! si c'est là votre héroïne,
Je soutiens encor plus le conte fabuleux.
CRISPIN.
Prêts te dis-je à former d'indissolubles nœuds.
Il ne faut plus qu'un oui de la future,
Et l'aveu de Monsieur, & Madame Alcandor.
Bagatelle, tu vois.... cette alliance d'or
Ne craint pas un obstacle, & l'on va la conclure.
VIOLETTE.
Ton maître sur ce pied se marie souvent
En se passant de ce triple suffrage ;
Aussi qu'épouse-til ? du vent.
CRISPIN.
Ce n'est plus comme auparavant.
Nous sommes détrompés de ce libertinage,
Nous visons au solide...
VIOLETTE.
Et vous avez raison ;
Mais Dorante a connu de trop aimables femmes....
CRISPIN.
Dis de superbes corps, dont les perfides ames,
Des plaisirs qu'on y prend, font le contre-poison ;
Mais ici, quelle différence !
Un bijou brut, encore uni
Au roc qui lui donna naissance,
Qu'aucun dévancier n'a terni...

COMÉDIE.

Quelle conquête pour Dorante!....
Eh bien, ce diamant, est ta belle indolente.
VIOLETTE.
Nous verrons ce bijou reppousser le poinçon,
Et ton Dorante en être encor pour sa façon.
CRISPIN.
A de folles terreurs, ton ame abandonnée,
Juge tout en lugubre, & dans cette hymenée,
N'apperçoit que chimére, & pronostics trompeurs...
Mais, si je t'ajoutais, qu'il nous rend gros seigneurs.....
VIOLETTE, *vivement.*
En vérité, Crispin....
CRISPIN.
Ah tu deviens crédule,
Et déja cet hymen n'a rien de ridicule.
C'est ainsi qu'on voit mal hors de son intérêt,
Avec lui tout convient, sans lui, tout nous déplaît.
VIOLETTE.
Point de guerre, dis moi, par où ce mariage?...
CRISPIN.
C'est la le fin du mot; Dorante marié,
Nous suivons le nouveau ménage,
Où mon zele passé d'un doublement de gage,
  Est aussi-tôt gratifié...
VIOLETTE.
Voici notre rêveur... mais vois donc sa grimace?
Entrons, Crispin, & cédons lui la place.
Viens m'achever ailleurs ce détail curieux
J'y crois déja, mais j'y veux croire mieux.

SCENE IV.

LÉLIO, & ARLEQUIN.

LÉLIO, *seul les premiers vers, dans la plus profonde tristesse.*

J'ATTENDRAI de ses soins le succès équivoque ?....
Dieu des cœurs.... toi, qu'en vain j'invoque
Rends-moi du moins, en m'ôtant mon espoir
Ce calme heureux, ces sentiments paisibles
    Ce néant des sens impassibles
    Où j'étais, avant de la voir.
Je ne veux plus chercher à plaire ;
Peut-être mon malheur serait d'y parvenir !
J'ai trop crû ce bon pere... & je suis téméraire !
    Ah mon amour qu'allez-vous devenir ?...

ARLEQUIN, *à part, vêtu grotesquement de l'habit pourpre*

Mon maître balbutie... en sa peau s'évertue,
De dépit vers le ciel, il égare sa vue....
Tant de contorsions, signes de désespoir,
Annoncent du sinistre, & sentent l'habit noir.
Le pauvre chevalier !...

LÉLIO, *se retournant, & prenant Arlequin pour un personnage d'importance.*
    Ah Monsieur !

ARLEQUIN, *saluant.*
        Ah Madame !

LÉLIO.
C'est morbleu mon pendard....

ARLEQUIN.
    L'est-on sous votre habit ?...
Aux dépouilles du paon, le geai dut son crédit.

LÉLIO, *en colère.*
Impudent, par quel ordre...
ARLEQUIN.
Un pur inſtinct de l'ame,
Un inquiet ſouci ſur le nouvel amour,
M'a chaſſé de l'hôtel avant votre retour,
Pour précipiter votre gloire;
Eh bien, Monſieur, chanterons-nous victoire?
Et l'habit de conquête....
LÉLIO, *dans le dernier dépit.*
Eſt-il un ſcélerat,
Plus exercé dans l'art de me déplaire.....
ARLEQUIN.
Eſt-il patron moins juſte, & plus atrabilaire? *a part*
Je vois que l'habit pourpre, eſt un certificat, *haut*
Pour aujourd'hui peu néceſſaire
Dans l'eſpoir cependant de ſon utilité,
Pour l'avoir ſous ma main au moment favorable,
Si près de vous, je reſtais fagoté?....
LÉLIO, *mettant l'épée à la main.*
Mauvais plaiſant, que j'ai trop écouté,
Tu me feras raiſon....
ARLEQUIN, *dans une contenance fiere.*
Je ſuis invulnérable....
Cette cuiraſſe eſt celle d'un héros....
LÉLIO.
Elle perd ſa vertu, quand elle eſt ſur ton dos
Faquin!
ARLEQUIN.
Soit.
LÉLIO.
Effronté!
ARLEQUIN.
D'accord.
LÉLIO.
Mal-adroit!

ARLEQUIN, &c.

ARLEQUIN.

Juſte;
Mais reſpectable par le buſte.

LÉLIO.

Dis par l'écorce.

ARLEQUIN.

Et cela me ſuffit,
Pour garantir le corps en faveur de l'habit.

SCENE V.

Les précédents, & ALCANDOR.

ALCANDOR.

ENFIN, je vous retrouve, & ma joye en eſt vive,
Ma fille pour la forme eſt un peu négative,
De l'aimable pudeur, c'eſt là le premier pas;
Mille pardons, Monſieur, je ne vous voyais pas.
(*A Arlequin.*)

ARLEQUIN, *avec beaucoup de laʒis.*

En vérité, Monſieur, ce n'eſt pas grand dommage!

ALCANDOR, *à Lélio.*

Monſieur, ſans doute, eſt un de vos amis,
Un camarade de voyage.....

ARLEQUIN.

Camarade.. oui, car partout, je le ſuis.

ALCANDOR, *à Lélio.*

Pourquoi n'avoir pas vers Madame
Introduit ce beau cavalier;
Ma maiſon eſt à vous, ſoyez y familier.....
Etez-vous auſſi de Bergâme, *à Arlequin.*

ARLEQUIN.

Je n'en jurerais pas, mais j'en crois mes ayeux,
Ma race y date....

COMÉDIE.

LÉLIO, *à Alcandor.*
    Ah connaissez-le mieux !
C'est mon valet, un gueux qui fait parade
De mes habits, & s'en sert d'oripeau....
Sans vous, Monsieur, pour prix de sa bravade
  Je l'étendais sur le carreau.
    ALCANDOR.
L'équipée est bisarre autant qu'irréguliére,
Et détruit mon enfant la bonne opinion
  Que j'avais de ton caractere.
    ARLEQUIN.
  A cette décoration
  Si j'ai prêté mon ministere,
Sachez à quel dessein....
    LÉLIO.
    Maudit Bavard tais-toi ?
Sors d'ici, tu n'es plus à moi...
    ARLEQUIN.
Quoi sérieusement....
    LÉLIO.
    Je te chasse, te dis-je.....
    ARLEQUIN.
  Bien entendu, tout harnaché
  Dans le monde on est un prodige
  Quand on y parait guilloché.
Un transplanté sur-tout, sous un peu de figure,
  De vernis, & d'enluminure
Est bien sûr d'y percer, & d'y faire *flores*.
  Les honneurs lui courent après ;
  Chacun admire sa pelure,
  C'est à qui mieux le fêtera.
  On se l'arrache, on se l'envie ;
  C'est un tissu de plaisirs, que sa vie ;
  Point inquiet comment il soupera
  Répendu dans la grande clique,
Chez tous les importants, il a son couvert mis ;
  Le seul travail du magnifique,

Est de suffire à tant d'amis ;
Mais j'y suffirai, moi, car je suis famélique
Eh bien, décidez-vous... part-on, ne part-on plus ?
(*à Lélio.*)
LÉLIO, *à Alcandor*.
Vous l'entendez, au moins, le traître quel abus
Il fait de mes bontés, & de ma patience ?
ALCANDOR.
Je demande sa grace, il n'est qu'un peu bouffon....
LÉLIO.
Je ne les souffre pas..... enfin, qu'il parte, où non,
Tout m'est indifférent, hors l'austére silence,
Que j'ai droit d'imposer, & que plus que jamais
Je lui prescris.
ARLEQUIN.
Monsieur composons !
ALCANDOR, *frapant du pied, & de la canne.*
Paix !
Eh bien, mon fils, qu'avez-vous à m'apprendre ?
(*à Lélio.*)
Je suis sur qu'on s'est défendu,
Avec l'envie de se rendre....
Et quand naît cette envie, on est bientôt rendu.
Vous en étiez aux grandes ouvertures
Quand l'œil sur vous, préoccupé, distrait
L'esprit ailleurs, je faisais mon piquet....
J'étais en station, je suivais vos allures,
Et mon cœur d'un bon tiers se mettait du complot ;
Aussi, m'a ton deux fois fait repic, & capot.
Vous en êtes sorti, je pense,
Tout rayonant d'amour, & desperance....
LÉLIO.
Tout rayonant d'amour, vous le savez....d'ailleurs,
S'il s'accroît, c'est dans les rigueurs ;
Mais j'ai perdu l'espoir de survivance....
On tient à Traffiquet irrévocablement,

Et ce rival heureux plaît...
ALCANDOR.
Je ne fais comment,
Vous pouvez croire à cette fantaisie.
LÉLIO.
Dans son acceuil glacé, je l'ai trop bien faisie...
Sa stupeur, son silence, annonçaient mon congé,
J'ai préféré le prendre, & c'est en abrégé
De mes tendres aveux la malheureuse issue.
Je n'ai plus d'espérance....
ALCANDOR.
Elle vous est rendue...
Je vous promets ma fille, & je ménagerai
Sans contrainte, sans art, l'aveu que j'en voudrai
Croyez en ma parole....
LÉLIO.
Ah Dieux, quelle apparence!
ALCANDOR.
Mais on vous a donc bien maltraité.
LÉLIO.
Par outrance....
Et si vous m'accordez la triste liberté,
De vous faire un détail des traits de sa bonté...
ALCANDOR.
Je ne vous permets rien, il faut que je la voye,
Conservez votre flamme... & morbleu de la joye?
Nous rirons tous ce soir.... les filles, mon ami,
Même alors qu'on parvient à les rendre sensibles,
Dissimulent leurs feux, se livrent à demi,
Et par rafinement, jouent les invincibles.
Lorsque je gueroyais, comme vous j'en ai vû,
De leurs distinctions, faire avec moi parade,
Et qui pourtant, étaient au dépourvu,
Ma ruse alors, était une escapade;
Je m'invisibilais, & les voyais venir.
La honte d'un dédain, le goût d'une conquête,

Les ramenaient à moi ſur l'aîle du plaiſir.
Pour triompher des cœurs, conſervons notre tête.
Il n'eſt aucune femme à qui, quand on le veut,
On n'inſpire un penchant, toujours ardent à naître;
Mais il faut être ferme, & ſentir ce qu'on peut.

LÉLIO.

D'un préſage auſſi beau, je dois peu me repaître
Je ne ſais point ruſer, & ſuis plus ſimple encor
En déclarations, que ne l'eſt Léonor,
Dans l'art d'éluder la réplique.....
Si vous ſaviez comme elle eſt laconique...
» Comment avez-vous pu, Monſieur, ſonger à moi?
» Vous avez bien de la bonté de reſte,
Il me ſemblait entendre à ce propos modeſte:
Monſieur la place eſt priſe, & j'ai donné ma foi.

ALCANDOR.

Ce n'eſt pas un Arrêt qu'un paſſager caprice!
Une fille a bien-tôt ceſſé d'être novice,
Lorſqu'en la recherchant, un Cavalier inſtruit,
Souléve dans ſon cœur, les voiles de la nuit.

LÉLIO.

C'eſt un épais rideau... je ne me juge guere
Capable de prodige.....

ALCANDOR.
     A vrai dire, on convient
Qu'elle a l'ame très-impubére.
J'en ai blâmé vingt fois ma femme qui ſoutient,
Qu'avec de grands talents, une fille eſt ſans grace.
Des agréments dit-elle?.... ornons bien les dehors;
C'eſt ce qui plaît chez nous..de l'eſprit on s'en paſſe,
D'ailleurs on le ſuppoſe inné dans un beau corps.

LÉLIO.

Si femme bel eſprit, fut ſouvent ridicule,
Le bon ſens n'a jamais déparé la beauté....
Il eſt pour l'ame un puiſſant véhicule,
Contre l'écueil de la fragilité.   ALCANDOR.

ALCANDOR.
C'est l'à mon sentiment, il vient d'être adopté,
Et votre avis le fortifie.
A force d'exhorter, Madame dès demain,
  Met sa Léonor sous la main,
 D'un maître de Philosophie.
LÉLIO.
J'en connais un, Monsieur, sage autant que subtil,
A qui le ciel a tout révélé...
ALCANDOR.
     Quel est-il ?
LÉLIO, *avec embarras.*
Son nom est si philosophique,
Qu'il échappe en le prononçant.
Ah ! quel homme, Monsieur, c'est un scientifique,
Mais doux, aimable, & tout resplendissant
  De la grace anacréontique.
Ah malheureux... où vais-je m'embarquer ? *à part.*
ALCANDOR.
Faites-le moi venir... je crains de le manquer,
  D'impatience je pétille ;
Mais pensez-vous qu'il veuille s'appliquer
 A documenter une fille....
LÉLIO.
Il en sera ravi,... c'est où son talent brille.
ALCANDOR.
Mon cher ami.... courrez au professeur...
Parlez-lui de nos plans, ouvrez-lui votre cœur ;
A l'aide du secret, il peut avec adresse,
Glisser à Léonor des leçons de tendresse.
LÉLIO.
C'était mon vrai dessein, en vous le proposant.
Par le moyen de ce tiers imposant,
 Nous sauvons jusqu'à l'apparence,
 Moi de séduction, & vous de violence.

D

ALCANDOR, *avec ravissement.*
C'est un trait de lumiere, il le faut confesser,
Que cet innocent stratagême....
Ah mon ami... ma joye en est extrême.
LÉLIO.
Je vole à mon Docteur...
ALCANDOR.
Moi, je rentre annoncer
Son excellence à ma fille, à ma femme,
Et vous serez mon gendre, *en l'embrassant.*
LÉLIO.
Ah de toute mon ame.

SCENE VI.
LÉLIO, & ARLEQUIN.

LÉLIO.
Viens çà bélitre.... approche en sûreté,
Tu peux encor mériter ma bonté.
ARLEQUIN.
Qu'ordonnez-vous de ma foible industrie ?
LÉLIO.
Il faut quitter ton habit bigarré,
Et t'afubler d'un froc, & d'un bonnet quarré.
ARLEQUIN.
Et que faire en ma draperie ?...
LÉLIO.
Affecter le ton grave, & le maintien ciré,
Des gestes lents, ne rire qu'en ta barbe,
Compasser ta démarche, oublier tes lazis,
Et ne parler qu'en mots bondissants, & choisis...
ARLEQUIN.
Mais je vais avoir l'air d'un marchand de rhubarbe!

COMÉDIE.

LÉLIO.
Ce jargon précieux, tu l'apprendras par cœur....
Quelques termes rouflants, & tu feras docteur.
Décadence du goût...... fatalité, tendance!....
Propenfion des fens,... défaut d'expérience!
Retardement du fiecle.... abfurdes préjugés!
Déréglement des mœurs.... principes mitigés!
Héroïfme de cœur..... licences politiques!
Fanatifme d'efprit...... erreurs philofophiques;
Citer Hobbes, Duclos, Loke, Confucius,
De la Rochefoucault, Nicole, Pafcal, Hume,
Fontenelle, Fleury, même, Noftradamus..

ARLEQUIN.
Je ne connus jamais tous ces olibrius.

LÉLIO.
Ce font efprits abftraits, dont la fçavante plume
A ce pauvre Univers légua bien des leçons,
Mais, hélas, qu'on ne fuit en aucunes façons.

ARLEQUIN.
Je peux avec beaucoup de mémoire, & d'audace,
De ces mots, de ces gens, vous faire un pot pourri,
Je vanterai de plus, le bon homme Bocace;
Quels contes il a fait, & combien j'en ai ri!
C'eft un drû celui-là!.... deplus un favori
     Des mufes de notre patrie.
Enfuite de tout ça quelle autre fingerie?

LÉLIO.
Tu te feras paffer pour un grand profeffeur
    Un philofophe *pathétifte*.

ARLEQUIN.
Et pour quoi pas docteur macaronifte
Sanfgodemi... ce nom ferait bien plus de peur!
Mais à quoi bon cette galimafrée.

LÉLIO.
Tu le fçais Arlequin, mon ame eft dévorée
D'amour pour Léonor.....

ARLEQUIN.
      Quel important besoin
Que pour un tel amour, en sorcier je m'habille
Que je rie en ma barbe, & qu'enfin je babille,
 Dans cet étrange baragouin.
    LÉLIO.
Pour engager mon aimable maîtresse,
Ecarter mon rival, faire agréer ma foi,
Et hâter mon bonheur...
    ARLEQUIN.
      Je ne vois pas pourquoi,
Vous manqueriez vous même de finesse,
 En vous chargeant de cet emploi....
Faites-vous *Patathiste*, & conservez la gloire,
D'administrer vous même le grimoire,
 Il en sera bien moins frelaté.
    LÉLIO.
      J'en conviens
Mais je veux épuiser tous les autres moyens;
Et me ménager, moi, pour le corps de reserve.
    ARLEQUIN.
Vous me ferez le bec.
    LÉLIO.
     Oui mon cher Arlequin...
    ARLEQUIN.
Ah je comprends, nous irons de conserve;
Vous le héros, & moi le mannequin;
    LÉLIO.
 Pour achever notre cours de morale,
 Et recevoir la robe doctorale,
 Viens à l'hôtel docteur.... baralipton....
 En procédant à ton costume,
 Je t'y donnerai mieux le ton,
   ARLEQUIN, *à part.*
 Et pour résultat je présume
 Etre payé de cent coups de bâton.

ACTE III.

SCENE PREMIERE.

Mde. ALCANDOR, LÉONOR.

LÉONOR.

Papa s'est avisé d'un projet dont j'enrage ;
    Me donner un maître d'esprit !....
Quoique m'apprenne un docteur érudit,
Mon cœur, (pour vous aimer,) m'en dira davantage.
      (*Avec inflexion.*)
N'êtes-vous pas la perle des mamans....
Quels professeurs, furent jamais les vôtres ?
La nature, & papa, voilà les artisans
Des graces de vos jeunes ans....
Ces deux instituteurs, valent bien tous les autres.

Mde. ALCANDOR.

Il ne faut rien outrer, ma fille, & j'entrevois
    Dans le zele de votre pere
    Du bon sens, & du caractere.
Cédant à ces desirs, je fais ce que je dois.
Nous ne nous proposons dans ce plan qui vous blesse,
    Que d'embellir votre jeunesse
De quelques agréments, & d'un vernis léger.
Etre une sçavantesse, est pour vous un danger
    Dont vous pouvez rire à votre aise,
Votre étoile y pourvût ; mais ne vous en déplaise,
Quelque gauche qu'on soit, encor faut-il avoir
    Le bon sens de s'appercevoir
    Du piége des inconséquences,

Epurer sa raison, & ne pas espérer
 Des fatales expériences,
La triste soin de nous transfigurer.
En conduite, prévoir, vaut mieux que reparer.
Malgré cette journée, & l'embarras extrême
Des apprêts d'une fête, & de ceux d'un festin,
Je voudrais de bon cœur, que notre homme divin,
 Accourût à cet instant même.
 Comme il a le sçavoir suprême,
Je veux que pour ce soir il fasse un couplet fin
 A la gloire de votre pere,
 Et qu'enfin la sagesse à l'amour coopére.
 Mais ô bonheur ! je crois l'appercevoir
 Eh ! oui, c'est bien Lélio qui s'avance,
 Et près de lui quelque chose de noir.
 LÉONOR.
Ah dieux ! où va se nicher la science ?...
Un philosophe a la mine d'un ours.

SCENE II.

Les précédents, LÉLIO, & ARLEQUIN
en habit de Docteur....

LÉLIO, *à Arlequin du fond du théatre.*

FERME Arlequin, & de la contenance !
Et sur-tout ne perds pas le fil de ton discours....
 (*A Madame Alcandor.*)
Je vous annonce, & vous présente
Le fameux florentin (*à Arlequin*) docteur baralipton
Vous aurez grand besoin, ma foi d'être un Caton ;
Vous voyez la maman..... voici la postulante !
 (*On se fait de grandes révérences réciproques.*)

COMÉDIE.

ARLEQUIN.
Salus honor, & gloria.
Aux amours... à leur matriarche...
Aïe aïe a... Signor aïe aïe a !
Je sens que mon cœur bat la marche.
(*à Lélio à part.*)
LÉLIO, *à part à Arlequin.*
Prends du ressort tout dépend du début.
ARLEQUIN.
Rayonant à jamais l'astre dont l'attribut,
Vint en y présidant illustrer ma naissance,
Puisque par lui, j'acquiers la préférence,
Aimable enfant de vous organiser,
D'émonder, de tartariser,
L'apédeutisme de votre être.
Figurez-vous, que vous venez de naître,
Et que le ciel a dans mes mains
Remis pour vous orner, ses plans, & ses desseins.
C'est d'après ses décrets, que la dialectique,
Inoculée avec précaution,
Nous ouvrira carriere à la conception,
De-là nous passerons à la partie éthique,
C'est le grand champ, nous moraliserons.
De-là l'analogisme, & de-là nous verrons
A pousser jusqu'au patethisme,
De-là....

Mde. ALCANDOR.
Graces docteur, & plus de laconisme.
Vous envahissez tout.... il faut modifier,
Donner le lait avant d'essayer les solides...
Vos termes effrayants semblent ceux d'un forcier.
En évoquant les euménides.
Léonor ne sera jamais une Dacier,
Elle en saurait plus que sa mere...
Une morale douce, agréable, & légére,
Effleurer, glisser, définir,

D 4

C'est notre but... ne rien approfondir,
Et n'appuyer que fur des gentilleffes...
ARLEQUIN.
C'est Madame où je brille...
LÉLIO.
Il a le cher Docteur,
Des éléments de toutes les efpeces.
Mde. ALCANDOR.
Retirons-nous, & laiffons leur
La liberté de leurs doctes proueffes,
De la docilité, Léonor, & du goût,
C'est du fuccès l'avant coureur en tout.

SCENE III.

LÉONOR, ARLEQUIN.

ARLEQUIN.

J'ENTREPRENDS un affaut, que jamais je n'acheve,
(à part.)
Payons d'effronterie..... approchez Léonor...
Les beaux enfants que l'on fait à Geneve ! (à part.)
Je vais à votre efprit procurer de la fêve (haut.)
Et le mettre en état de prendre enfin l'effor.
Point de trouble gênant, de fotte retenue !
Que clairement, je life en votre cœur....
Au triomphe d'un Profeffeur
L'ingénuité contribue.
Ame de Léonor... répondez, *quid petis* ?
Etes-vous terre molle, il faut des pilotis,
Et fouiller au folide.... êtes-vous ferme & dure ?
Nous employons le foc, pour en faire ouverture.
Etes-vous argilleufe, on y mettra le feu ;
Sabloniere l'engrais, graveleufe, le pieu ;

COMÉDIE. 57

A certains mouvemens, que je viens de surprendre,
Vous m'avez répondu ; Professeur je suis tendre.
La bonne petite ame !.... or sus Baralipton,
Disposez-vous à battre le mouton.

LÉONOR, *avec embarras.*

Conséquence bien hasardée !
Où prenez-vous Docteur, cette solution ?

ARLEQUIN.

La pudeur qui vous a fardée
 A ma premiere interrogation,
Atteste contre vous, que cette enluminure,
 Est la vapeur d'une tendre nature.
Voyez ma mine de Docteur....
Lorsque j'aimais, elle était vive & blonde ;
 Et c'est le bronze de mon cœur,
 Qui la rend si peu rubiconde !
 Ergo la votre est un miroir
 Où votre ame comme en un prisme,
Par la réfraction se laisse appercevoir.
Mais nous voici déja sans le vouloir
 Aux éléments de l'Ergotisme,
 Et presque à ceux du Pathétisme.
 Belle Léonor à vous voir,
 Le corps fluet, & l'ame épaisse,
Je vous juge amoureuse, & depuis plus d'un jour,
J'ai toujours vu que l'esprit & la graisse,
 Disparaissoient devant l'amour.

LÉONOR, *à part.*

Quelle Philosophie !

ARLEQUIN.
 En adroit Pédagogue
Emile..... vous voyez que je lis dans les cœurs....
 Entamons à présent un petit dialogue
Pour le progrès de l'esprit & des mœurs....
Depuis quand sentez-vous, que votre ame brûlante

Même dans le sommeil, vous trouble & vous tourmente ?
Répondez sans trembler, nous sommes seuls céans.
  LÉONOR, *avec timidité.*
Mais à-peu-près Docteur, depuis deux ans.
  ARLEQUIN.
Eh bien depuis deux ans la riante nature
De ses dons envers vous a comblé la mesure ;
Voilà l'Analogisme..... & votre individu.
  Auparavant libre, & tranquille,
  Ce changement ne l'a-t-il pas rendu
   Triste, inquiet & versatile.
Voilà le Pathétisme !..... & le soin assidu,
Pour aspirer à vous tous les hommages,
Œillades, doux propos, grands airs, beaux étalages
Voilà l'ardeur de plaire..... & le dégoût secret,
D'un millier de desirs qui restent au crochet,
C'est le besoin d'aimer, & d'être distinguée.
  LÉONOR.
Pardonnez, Professeur, mais de tous ces propos ;
  J'ai l'oreille bien fatiguée.
Que la Philosophie est barbare en ses mots !
  ARLEQUIN.
  Nous l'allons rendre intelligible.
  La vérité réside au fond d'un puits ;
Pour la voir, sur le bord, il ne faut qu'être assis ;
Si l'on veut la saisir, l'accès en est terrible,
Il faut pour s'y glisser des efforts inouis.
Ces efforts, Léonor, sont ces termes bisarres,
Mais analysons-les, ils deviendront des Phares
  D'où jailliront des rayons infinis.
  A l'application, & fixés vos esprits.
  Qu'un Cavalier à la mine rosée,
Par les graces taillé, dessiné par l'amour
Se pose devant vous, face à face, au grand jour,
Ne vous sentez-vous pas soudain électrifée !

COMÉDIE.

Voilà la simpathie !.... & si ce cavalier
　　Par la commotion devenu familier,
Vous débite avec art mille choses flatteuses,
Ne savourez-vous pas ses paroles moileuses ?
C'est le naturalisme..... à ce jargon charmant,
On se livre, on se fie, on en prend l'habitude,
　　　Qui le posséde, est un amant,
　　　Et qui s'y refuse une prude.
Puis la raison échappe, & puis le foible cœur,
　　Parle tout bas, & puis il balbutie,
　　Puis il bredouille, & puis il négocie,
　　Et puis enfin, se rend à son vainqueur,
Voilà l'amour ! on a bien pour les formes,
A fille en ce danger, cédé dans le combat
　　　Quelques palissades informes,....
Pour qu'au moins la défaite ait une ombre d'éclat.
Sur-tout elle triomphe, alors qu'elle égratigne,
Au bout du formulaire, elle rit, se résigne,
Capitule, soupire, & passe le contrat,
Voilà le mariage ! or que je vous explique,
En quel sens en morale, on prend ce terme là ;
N'avez-vous jamais vu la lanterne magique ?

LÉONOR.

Souvent.... & quelquefois, faisant la chambre optique,
Je voyais à rebours les gens.....

ARLEQUIN.

　　　　　　　Nous y voilà !
La curiosité, n'est,.... observez cela
Qu'un mariage allégorique.
　》 Eh la voici la rareté,
　》 La piece unique & curieuse !
C'est du démonstrateur le signal usité.
De même annonce-t-on la fille merveilleuse,
Si-tôt qu'on la consacre à la maternité.
》 Ce que vous n'avez vu, vous l'allez voir Mesdames ;

Pour filles, dont les fens, font encore au berçeau.
  Se marier, devenir femmes,
Eſt en effet, du rare, & du nouveau.
» Silence, attention..... le Savoyard babille,
  Fait un grand récit, & la fille,
Paye avant de rien voir, c'eſt ce qu'on nomme dot.
  L'œil eſt extaſié, fixé ſur ſon pivot,
  Déja la nuit s'entortille de voiles ;
  Voici la lune, & voilà les étoiles !
» Le développement du cahos primitif,
» Le principe ſecret du pouvoir réactif,
» Les plaiſirs innocens du paradis terreſtre ;
Et remarquez, que toujours va l'orcheſtre ;
Aux premiers jours de noce, on vous prodigue auſſi,
Les danſes, & les jeux, les feſtins, la muſique,
Bientôt change la ſcene, & le ciel obſcurci
  Brille des feux de l'aſtre prolifique,
Fécondant dans ſa courſe un ſtérile univers,
Diſſéminant la vie, & chaſſant les hyvers.
Une épouſe a de même un ſoleil à ſes gages
Qui pénétrant ſon ſein, y dépoſe les gages,
  De ſa préſence & de ſes attributs.
  Enſuite accourt Farfadet petit diable,
» Et tu l'auras, & tu ne l'auras plus.
  Le mariage eſt d'un bonheur muable,
A ſes plus belles nuits ſuccedent de ſots jours
C'eſt l'optique où l'on voit les objets à rebours.
  Le démon de la bouderie,
  Des contrariétés, des petites noirceurs
  Du ſot murmure & de la gronderie,
Vient ſouffler la diſcorde, altérer les douceurs
  D'une union ſoi-diſant crouſtilleuſe ;
A tout dire pourtant, il en eſt pour ſes frais.
Après que tout un jour on a fait la boudeuſe,
Le chevet rétablit les communs intérêts,
Et de nouveaux tranſports, font le ſçeau de la paix.

COMÉDIE.

Puis de petits marmots, qui rebrodent la chaîne;
    Puis le repos, & puis la cinquantaine,
Où comme au premier jour, on est affriolé;
Mais, le soleil à part, qui se trouve gelé,
Puis..... vous avez tout vu.
LÉONOR.
               C'est là le mariage!
En vérité Docteur, je le connois plus mal
Qu'avant tous vos tableaux.
ARLEQUIN.
             Mais, l'aimez davantage,
   Et c'est là le point principal.
Ne vous êtes-vous pas souvent entendu dire,
   Avec tout l'art d'amadouer.
» Le bonheur de mes jours ferait de les vouer,
» Aux attraits dont mon cœur ressent trop bien
   l'empire.....
LÉONOR.
Mais en ce cas Docteur, faudrait-il l'avouer?...
ARLEQUIN.
Sans contredit..... de telles réticences,
Sont des chardons parasites gourmands,
    Qui de mes doctes éléments
    Pourraient dévorer les semences;
    Le cavalier, l'enfant heureux
    Qui vous a fait de si tendres aveux,
N'est-il pas un jeune homme encor dans sa coquille;
Frais de college.... un petit margajat,
De la philosophie, autant que votre chat,
    De la barbe, comme une fille.....
LÉONOR.
Puisque votre art, vous le fait découvrir,
Pourquoi le demander, & m'en faire rougir...
ARLEQUIN.
    Pour vous montrer le ridicule
    D'un atôme, d'un cropuscule,

Qui tiendrait trop long-tems vos sens *in statu quo*
Vous connaissez le *Signor* Lélio...
LÉONOR.
Oui d'aujourd'hui....
ARLEQUIN.
Avouez sans finesse
Que c'est un cavalier, celui-là, d'une espece,
A faire ouvrir les yeux d'une toile.
LÉONOR.
Ah Docteur
Je dois être docile, & vous voyez mon cœur
Lélio me paraît un charmant personnage....
ARLEQUIN.
Pour stimuler votre courage,
Je veux aidé d'un tel appui
En la matiere conjugale,
Conjointement vous pousser avec lui ;
Il sera mon Prevôt de salle.
(*il se leve.*)
Je vous laisse jusqu'à demain,
Léonor, sur la bonne bouche.
LÉONOR.
Les arts, dit-on, se tiennent par la main...
Rimez-vous ?
ARLEQUIN.
Si je rime.... un issu de Germain
De Cicéron !..... voulez-vous que j'accouche
D'un Pantamétre, ou d'un Alexandrin ?....
Vous n'avez qu'à parler....
LÉONOR.
Nous avons pour coutume
De fêter aujourd'hui papa, mais je présume,
Que les vers manqueront..... si la fécondité,
Du Docteur....
ARLEQUIN.
Suffit..... ils seront sous l'enclume
Pour le tems dit.... que veut la parenté ?

SCENE IV.

Mr. ALCANDOR, Mad. ALCANDOR, LÉLIO, & les précédents.

Mde. ALCANDOR.

C'Eſt aſſez logiquer, & vaguer par le vuide !
Eh bien, Docteur..... de la beſogne aride....
ARLEQUIN.
Mais au coup d'œil de maître, au premier apperçu,
J'ai découvert quelque aptitude ;
Et dès qu'une fois j'aurai ſçu
Donner à cet eſprit un peu de rectitude,
Détruire ſa ſcorie, & le purifier,
Je parviendrai ſans peine à le vivifier.
Mde. ALCANDOR.
Ma fille..... en attendant, que l'on vous vivifie,
Et ſous le bon plaiſir de la Philoſophie,
Venez auprès de moi remplir d'autres objets.
Champ libre, mes amis, vous pouvez à votre aiſe
Développer vos ſyſtêmes abſtraits ;
(*Elle s'en va & emmene Léonor.*)
Je m'en lave les mains.
ARLEQUIN.
Et moi, je vous les baiſe.
(*à part.*)
Je crois à la maman l'eſprit un peu bouru.
LÉLIO.
N'as-tu point, Arlequin, corrompu ma morale
Des balourdiſes de ton cru ?
ARLEQUIN.
Pouvais-je en être exempt, la robe Doctorale
M'enveloppait...... mais en dépit de tout,

A mes raisonnements, Léonor prenait goût.
Battez-vous les flancs, mon cher maître,
Cela prend diantrement, & l'amour puéril,
 Pour Traffiquet ne tient peut-être
 En ce moment, que par un fil.
   ALCANDOR.
Ah mon ami, pour attendrir ma fille,
Quels ont donc été tes moyens ?
   ARLEQUIN.
 Le diable, si je m'en souviens ;
 Interrogez plutôt cette guenille ?
 Grace à l'appareil imposant
 De mon impétueuse attaque,
 Mon ecolier est à présent
 Disposée à tourner casaque
En faveur du *Signor*, docteur survivancier
 Pour les leçons de mariage
   ALCANDOR.
La tienne professeur sent peu l'apprentissage ;
Et vaut au moins le mois entier, *il lui donne de l'argent.*
   LÉLIO.
Je ne suis pas si facile à séduire ;...
Et ce serait le cas avant tout, de s'instruire,
Si vraiment Léonor, entrant dans nos desseins,
A goûté ses leçons.
   M. ALCANDOR.
  Je le sçaurai.
   LÉLIO.
       Je crains
D'avoir livré sans assez de prudence
Mes intérêts à ce maître lourdaut ;
Et c'est pour me punir de cette inconséquence
Que vous en avez sçu le mistere aussitôt,
Pour me faire en vous un complice,
Si contre moi, tournait cet artifice ;
Les farceurs ne sont pas bien venus des mamans...

Si Madame Alcandor....
ALCANDOR.
Soyez donc sans allarmes....
Je prends sur moi tous les événements,
Ce badinage est d'ailleurs plein de charmes,
Et ma femme en rira.
LÉLIO.
J'en doute à son humeur,
Et j'en aurais la plus grande frayeur,
Sans votre appui, sur qui seul je me fie.
ALCANDOR.
Je rentre consulter l'objet de votre amour,
Adieu, mon fils, je vous laisse à mon tour
Sous la protection de la philosophie.
LÉLIO.
J'y suis rebelle, & j'aime beaucoup mieux,
Pour dissiper le chagrin qui me tue
Aller voir votre lac, & ses beaux points de vue
Je me livre en vos mains, & reviens en ces lieux,
Y jouir d'un sort glorieux,
Où voir mourir mon espérance.
ALCANDOR, *rentrant.*
Quand pour elle j'agis, tout doute est odieux.
LÉLIO, *à Arlequin.*
Suis moi docteur...
ARLEQUIN.
Adieu mon importance.

SCENE V.

ARGENTINE DORANTE, VIOLETTE & CRISPIN.

VIOLETTE, *à Argentine.*

Je suis bien de votre pays
Mais d'un amant, fougueux, je reffens mieux le prix.
Ne comptez-vous pour rien d'avoir la certitude
  Du premier moment de ferveur....
  Dans ce fiecle, moins on eft prude,
  Plus on ajoute à son bonheur.

DORANTE.

Cet inftant de ferveur, que Violette envie
  Sera, je le jure à vos pieds,
  Le régime entier de ma vie.

ARGENTINE.

Serments trompeurs, & toujours oubliés
Dès qu'une femme à l'hymen affervie,
A fur un fol efpoir troqué fes plus beaux droits
  Contre d'impérieufes loix.

VIOLETTE.

Le mariage, il eft vrai, nous concentre;
Les hommes en ont fait un monotone état;
Mais vaut-il mieux bouder contre fon ventre...
Le pire encor des maux, c'eft un froid célibat.

CRISPIN.

  Ne croyez pas la prude Violette
  Elle n'a point fuivi cette fotte étiquette,
  Et lorfqu'elle s'encrifpina,
  C'eft la maffe de mon mérite,
  Qui par commotion fubite
  A l'hymen la détermina.

COMÉDIE.

VIOLETTE.

J'ignore encor faquin l'effet de cette masse,
Et notre exemple est ici hors de place.
Ce n'est pas l'amour pour Crispin.....

CRISPIN.

Ne pourfuis pas, Violette... ah mignonne
On ne t'en croira pas.... le sexe est assez fin,
(Je parle en général, & n'attaque personne,
Pour nous persuader qu'il échape au courant,
Mais l'on sçait que l'amour qu'il prend,
Est plus vif, que celui qu'il donne.
Et si Mademoiselle ouvrait ici son cœur,)
Nous y comtemplerions sa rigueur expirante ;
Elle prononcerait le nom de son vainqueur
Et ce vainqueur.... ferait Monsieur Dorante.

DORANTE.

Eh bien, ma belle amie.. ai-je acquis quelque espoir?
Jusques à quand votre ame irrésolue,
Tiendra telle la mienne, allarmée, éperdue ?
Femme timide & tendre ! ah c'est assez surseoir
   L'aveu charmant, que je réclame....
   Que votre cœur agisse en liberté....
   Approuvez.... couronnez ma flamme...

ARGENTINE, *tendrement.*

Vous êtes un Enfant gâté.

DORANTE, *avec ravissement.*

Achevez de porter l'allégresse en mon ame
Dittes, que vous m'aimez... je tombe à vos genoux.

CRISPIN & VIOLETTE, *à genoux.*

Charmante *Signora*, nous nous y jettons tous.

SCENE VI.

Les précédents, & ALCANDOR.

ALCANDOR.

Vous avez Argentine, une cour fort foumife...
L'admirable falamalec !
CRISPIN, *toujours à genoux.*
Nos cœurs entrelardés d'amour, & de refpect,
Ont befoin de votre Entremife.
DORANTE.
Mon refpectable pere... accourez m'ètre fin
A cette fcene attendriffante
C'eft à moi de parler... n'écoutez pas Crifpin...
Je fuis épris d'une fille charmante....
Comtemplez fon trouble amoureux.
Que diffimule un front févére.....
Pour fe calmer, & fe rendre à mes vœux
Il n'attend que l'aveu d'un pere....
Vous vous attendriffez, & femblez réflechir....
Ah mon pere !... ah Monfieur !... un tel choix vous
honore.
Quelle femme jamais, plus digne de remplir
Tous les plans de bonheur faits depuis mon aurore?
comment m'ôter fa main, quand Monfieur Pantalon,
Dans fes preffentiments m'en a déja fait don.
Je le fçais j'ai furpris l'épitre,
Par laquelle il vous fait l'arbitre
D'une union fi chere pour fon cœur....
Je favais bien que vous feriez ma femme !
CRISPIN, *à Violette.*
Je te le difais bien, qu'on ferait époufeur...
Je connaiffois la lettre de Bergame...

COMÉDIE.

ALCANDOR.
Que fait un fils bien né, quand il est amoureux...
Il s'addresse à son pere, & ses premiers aveux
　　Sont dirigez avec cette prudence
Par la quelle un hymen a toujours réussi...
　　DORANTE, *fierement.*
Que fais-je donc, Monsieur, ne suis-je pas ici,
　　Pour vous en faire confidence?...
　　ALCANDOR.
Je le vois bien bourreau, mais ta vaine éloquence
Est une injure, & tes moyens aussi.
　　DORANTE.
Un amant prosterné n'est pas un téméraire...
　　Les Dieux s'adorent-ils debout...
Eh je prenais tout simplement du goût;
On peut bien se passer d'un pere en cette affaire.
　　ALCANDOR.
Rentrez... je vais savoir à quoi l'on se résout,
Je parlerai pour deux.
　　DORANTE, *avec le dernier dépit.*
　　　　Et vous gatterez tout...
　　ALCANDOR, *avec bonté.*
Vous abusez, mon fils, de ma condescendance.
Prenez tête peu saine un instant de repos;
Allez-vous préparer à des transports nouveaux;
Vous n'en manquerez pas... puisez-en l'espérance.
Dans la bonté d'un pere attendri sur vos maux.
Obéissez.
　　DORANTE, *avec le trouble de la joie.*
　　　　Mon pere!... ah ciel! le puis-je croire?
Eh oui, gardez pour vous, l'honneur de la victoire;
Mais charmante Argentine abrégez mon tourment,
Et qu'un titre de plus rappelle votre amant! (*il rentre.*)
(*Alcandor fait signe à Crispin & Violette de se retirer.*)
　　ALCANDOR, *à Argentine avec affabilité.*
Que pensez-vous de mon fils, Argentine....

E 3

Parlez-moi franchement, ou que je vous dévine
Même à votre silence....eh quoi vous rougissez...
Votre pudeur m'éclaire, & j'en obtiens assez.
Vous aimez....
   ARGENTINE, *troublée.*
 Non Monsieur, je n'aime encor personne,
Et cet événement m'interdit, & m'ettonne,
   ALCANDOR, *avec intérêt.*
Mais à vous supposer le projet sérieux
D'un établissement.... jetterez-vous les yeux
Sur un époux tel que Dorante....
Soyez vraye Argentine, en seriez-vous contente?...
   ARGENTINE, *rougissant.*
J'ai si mal consulté mon cœur sur son penchant,
  Que la réponse m'embarrasse....
   ALCANDOR.
Renvoyons à demain cet entretien touchant.
Je ne vous presse plus.... mais que je vous embrasse!
L'aimable enfant!.... Dorante est bien guidé;
Et pour cette union, je fais des vœux sincéres.
   ARGENTINE, *avec tremblement.*
Monsieur.....
   ALCANDOR.
 Eh bien....
ARGENTINE, *se précipitant dans les bras d'Alcandor.*
  Mon pere!
   ALCANDOR, *avec ravissement.*
       Ah tout est décidé,
Vous devenez ma fille, & vive un procédé,
Qui raccourcit ainsi de froids préliminaires;
Rentrons ma chere fille, il vous reste à remplir
D'ultérieurs devoirs..... ce serait mon desir
Que vous prissiez sur vous d'annoncer à Dorante
La fin de ses tourments.... soyez assez galante,
Pour le dédommager par cet aveu flatteur,
J'irai de mon côté sceller votre bonheur,

COMÉDIE.

En y déterminant ma femme.
Croira-t-elle à présent à l'ami de Bergame ?...
J'apperçois votre frere,.... il n'est pas tems encor
De lui tout raconter.... il en perdrait la tête...
A ton cœur, cher enfant, accorde quelque essor,
Cours à mon fils, livre lui sa conquête....
Heureux pere !..... heureux Alcandor !...
  (*ils rentrent.*)
Tu ne t'attendais guere à ce bouquet de fête.

SCENE VII.

LÉLIO, ARLEQUIN.

LÉLIO, *rêveur.*

JE n'oublierai jamais tant d'importants aspects
O site Genevois, recevez mes respects !
D'un œil inattentif, comment voir la parure
Qu'étale en ces lieux cy la fantasque nature....
Ce cordon prolongé de monts audacieux
Dont le rideau brillant tient au dôme des cieux !
Ce petit océan toujours pur & tranquille,
Symbole des vertus, l'ame de cette ville !
Ces plaines, ces vallons, ces côteaux enchanteurs ;
  Où de nobles cultivateurs
  Sur les lauriers de la richesse,
Ont trouvé le repos qu'assure la sagesse !
Je ne vous quitte plus, lieux charmants que j'ai vu !
  Mais hélas, qui l'aurait prévu ?
  L'air qu'on respire en cette enceinte,
Est pour un étranger tellement dangereux,
Qu'à peine un pied à terre, il en reçoit l'atteinte.
Mon cœur était oisif, mon cœur est amoureux !...
Je devrais vous quitter, lieux charmants, que j'habite ;

E 4

Mais si je suis aimé, ... jamais je ne vous quitte.
Je vais savoir l'arrêt qu'on aura prononcé...
  (*il rentre.*)
Reste Arlequin....
    ARLEQUIN.
   L'amour va le rendre insensé.
Lieux charmants je m'en vais.... lieux charmants, je demeure ;
Vanter l'air de Geneve, & le croire mal sain....
Rire sur une joue, alors que l'autre pleure....
 Avec l'esprit très-fort ultramontain,
Me faire machiner une amoureuse scene....
Une allure étrangere, & l'ame citoyenne....
Avec l'humeur despote, un cœur républicain
Monsieur le chevalier.... vous en avez un grain.

SCENE VIII.

VIOLETTE, ARLEQUIN.

VIOLETTE, *riant sans appercevoir Arlequin.*

OH pour le coup, la fête sera belle,
  Deux mariages à la fois.....
Eh bien à la bonne heure, a dit Mademoiselle...
On ne saurait avoir trop de bons Genevois....
    ARLEQUIN.
Vous voilà donc la belle vaporeuse ?...
VIOLETTE, *jettant subitement son tablier sur la tête,*
   & reculant d'effroi.
Lutin audacieux !... abominable mort,
Laisse en paix les vivants, & si tel est mon sort,
D'envisager encor ton ombre dangereuse,
Fais qu'un trépas subit.... Crispin, Crispin, Crispin !...

COMÉDIE

ARLEQUIN.
Je ne suis ni mort, ni lutin,
Et votre extravagance est forte....
Bas le chifon, ou le diable m'emporte,
Vous allez connaître Arlequin...
VIOLETTE, *de même.*
Je ne le crains que trop, & c'est ce qui me tue...
Ombre funeste.... épargnez à ma vue,
L'horreur de vous revoir.... votre veuve à genoux
Meurtrie encore de vos coups,
Ne voudrait pas en faire une nouvelle épreuve...
ARLEQUIN.
Elle m'appelle une ombre, elle se dit ma veuve
(*à part.*)
Je n'y comprends plus rien, & j'en reste troublé.
(*haut.*)
Mais votre esprit ma mie est donc bien endiablé...
S'il est un vœuf de nous deux, je vous jure,
Qu'à tous égards, ce devrait être moi :
J'avais femme jadis; sans trop savoir pourquoi,
J'abandonnai la sotte créature.
La date est de six ans, & depuis ce tems l'à,
Je n'ai pu rencontrer qui m'ait dit : la voilà !
VIOLETTE, *de même.*
Vous n'êtes donc pas mort....
ARLEQUIN.
Non morbleu, non ma chere;
Je me sens très-vivant, de plus très en colere.
(*à part.*)
Au battement de cœur qui m'a saisi,
Je crains bien que tout ce lazi,
Ne soit suivi de quelques catastrophes.
VIOLETTE, *de même & à part.*
Si je dois croire à sa réalité;
Je vois naître pour moi de tristes apostrophes.

ARLEQUIN, *à part.*
Plus je l'entends, plus j'obtiens de clarté
Dans mes soupçons sur sa conformité,
 Avec ma carogne de femme.
  VIOLETTE, *de même & à part.*
  Son trépas n'est pas bien prouvé,
  Et je crains d'avoir retrouvé
  Mon premier mari de Bergame.
   ARLEQUIN, *à part.*
  Plus je parviens à colliger
   Certain fait, & certaine époque,
  Plus je frisonne d'un danger,
   Qui ne paraît plus équivoque.
   VIOLETTE, *de même & à part.*
   Plus je cherche à développer
Certain événement de certaine apparence,
Et moins je vois que je puisse échapper,
Au dénouement de la reconnaissance.
   ARLEQUIN, *à part.*
Ah l'évidence perce, & tout est éclairci.
   VIOLETTE, *de même & haut.*
Allons à lui.... hasardons l'aventure....
   ARLEQUIN, *haut.*
  Avançons, & cédons aussi
   Aux secousses de la nature.
(*Ils vont lentement à la rencontre l'un de l'autre, &*
   se heurtent.)
Est-ce bien Colombine ?
   VIOLETTE, *se dévoilant.*
     Est-ce bien Arlequin ?
   ARLEQUIN.
Par quel enchantement te revois-je mignone.
Eh bonjour donc brunette !
   VIOLETTE, *voulant l'embrasser.*
     Eh bonjour donc blondin !

COMÉDIE.

ARLEQUIN, *la repouſſant.*
Avant les compliments, raconte-moi friponne,
Si je dois croire à tout mon deshonneur....
  Sur des conſéquences précoces,
Qui naiſſoient de ma fuite, as-tu bien eu le cœur
De convoler infame, à de ſecondes noces?
   VIOLETTE.
Ne me condamne pas ſans m'entendre plaider,....
La paix, dans le ménage eſperait préſider,
   ARLEQUIN.
Paſſons....
   VIOLETTE.
  Lorſqu'une affaire eſt des plus délicates,
Te fit de la juſtice éviter les ſtigmates....
J'allais ſuivre la trace.... ô ſort inattendu!
Le bruit vint de Milan, qu'on t'y croyait pendu.
   ARLEQUIN.
Paſſons.....
   VIOLETTE.
  Sans toi la vie, étant trop importune
  Pour oublier mon infortune
Et ne conſerver rien, qui pût me retracer
Ton ſouvenir amer.... on me vit repouſſer
  Les doux tranſports de la nature,
Juge de mon amour par la grandeur du trait....
  De ta tendre progéniture,
  Avec ſoin je fais un paquet,
  Et le cœur ſaignant l'abandonne
  A ta grand-mere de Crémone.
   ARLEQUIN, *en courroux.*
As-tu bien pu ſcélérate?
   VIOLETTE.
    Paſſons....
  Vuidant enſuite armoires & caiſſons
Je fais argent de tout.... je me bourre d'eſpéces.
Je vois des Bohémiens, j'en reçois des careſſes;

Ils me mettent au fait de leur gentil Etat....
  A leur bande je m'associe...
  La nuit je faisais le sabbat,
  Et le jour, la chiromanie.
Je devins une fée, & célebre au métier,
  Je battis seule le halier.
  Voilà donc que je vagabonde,
Lisant en toute main le sort de tout le monde....
Mais me mettant au lit souvent morte de faim.
A Geneve j'arrive épuisée à ce train.
A l'hôtel Alcandor l'appétit m'achemine...
Il me restait encore un peu de bonne mine
C'etait tout mon avoir, sur ce certificat,
De la cuisine ici, je pris l'économat.
Crispin me plût, je lui plûs, nous nous primes,
Il fut ton successeur, & voilà tous mes crimes.

 ARLEQUIN, *dans le plus grand courroux.*

Voilà donc ton excuse, infidelle guenon!..
Si je suivais ma rage.. où serait ton chignon ?
  Cruelle avoir la barbarie
  D'abandonner le fruit de mon amour
  Un enfant beau comme le jour,
  Et le jetter à la voirie...
  Vaguer avec des bohémiens,
  Chevaucher le balet, avoir des entretiens
  Toutes les nuits avec les diables,
Et citer ces horreurs, pour des faits mémorables !
  Et pour le plus sublime effort!...
  plût-à Dieu, chienne ensorcelée
Que le cordeau fatal eût terminé mon sort
Ma réputation n'en était pas souillée ;
  J'eus fini de la belle mort ;
Des jugements humains, on eût plaint la victime,
Et tu serais du moins Crispinette sans crime
Mais j'apperçois le factoton maudit...

COMÉDIE.

Il vient à point nommé, *à part* j'étouffe de dépit.
(*A Crispin.*)
D'un cas bien épineux viens être ici l'arbitre ?

SCENE IX.

Les précédents, & CRISPIN.

CRISPIN, *avec emphase.*

PALSANGUÉ !... voici du dolent !
Ce front rissolé, ce bélitre
Ose lever la crête, & faire l'insolent;
De quel droit vilain.... à quel titre ?
ARLEQUIN.
Oh ! n'allons pas si vîte, on est sur un chapitre,
Où le sang froid est excellent.
Apprends, que tu vois notre femme,
Violette pour toi, Colombine pour moi,
Ton épouse à Geneve, & la mienne à Bergâme,
Et pour tous deux faussaire de sa foi.
Frottons-nous, mon ami...
(*Crispin jette un regard furieux sur Violette.*)
VIOLETTE, *à Crispin.*
Que veux-tu que j'y fasse ?
Le pendu de milan, le mari mort, c'est lui...
ARLEQUIN, *à Crispin.*
Malheureusement trop vivace...
CRISPIN, *la main sur la garde de son épée.*
Et que suis-je donc aujourd'hui ?...
ARLEQUIN, *à Crispin.*
Il me vient un projet.... fort heureux je t'invoque !
Notre propriété devenue équivoque,
Jouons au plus haut point, & déterminons là.
Je crois avoir un dez.... justement, le voilà !

VIOLETTE.

Appuyez mes amis, & verſez-moi razade
De mépris, & d'obſcénités.
Exécrables tyrans!

ARLEQUIN.

Tu l'entends camarade....
Plus de compaſſion, nous ſommes inſultés
Jouons... à toi le dez.... ſur le parquet....courage!

CRISPIN.

C'eſt dans les grands revers qu'on connaît un héros.
Donne.

ARLEQUIN.

Prends.

CRISPIN.

Cela va.

ARLEQUIN.

Cela va.

VIOLETTE.

Les bourreaux!

CRISPIN, *jettant le dez.*

Le ſort roule.... il ſe fixe... un... tout eſt dit.

ARLEQUIN.

J'enrage!
Ne jouons plus.

CRISPIN.

Tu le prends ſur ce pied
Et ta parole?

ARLEQUIN.

Eſt nulle.

CRISPIN.

Et ton honneur?

ARLEQUIN.

Un lâche.

CRISPIN, *mettant la main ſur la garde de ſon épée.*

Et mon courroux?

COMÉDIE.

ARLEQUIN, *jettant le dez.*
Arrête.... je le lâche.
CRISPIN.
Rafle de six.... je suis démarié.
ARLEQUIN, *offrant le dez à Crispin.*
Prends ta revanche...
CRISPIN.
Imbécille, elle est prise
En te cédant l'enjeu...
ARLEQUIN.
Tu la connais donc bien ?
CRISPIN.
Parfaitement.. (*à Violette*) adieu mon artemise;
Je te rends sans regret à ton premier lien.
Heureux d'avoir fini le bail de la sottise.
(*il rentre*)
Au surplus bonne chance, & glorieuse nuit !
VIOLETTE, *d'un ton railleur.*
Adieu Crispin.... prends soin de la famille.
ARLEQUIN.
Adieu coadjuteur maudit !
CRISPIN, *s'en allant.*
Adieu vieux cuistre....
ARLEQUIN.
Adieu vieux drille !....

SCENE X.

Les précédents, LÉONOR & TRAFFIQUET.

LÉONOR, *pendant cette interlocution, Arlequin &*
Violette font une scene muette allant & venant

Vous êtes tourmentant, & cela sied très-mal.
TRAFFIQUET, *dans le plus vif dépit.*
Quoi, direz-vous encor que j'ai tort de me plaindre,

Quand votre flamme a pû s'éteindre,
Quand vous allez épouser mon rival....
Tous vos attraits trompeurs, tous vos charmes
   perfides,
Dans mon cœur contre vous, sont de foibles égides;
Les premiers fers que l'amour m'offrira
Quelques cruels, qu'ils puissent être,
Seront doux pour ce cœur, dès qu'il y trouvera
L'oubli de ceux que vient de rompre un traître.
Puissai-je malheureux, vous méprifer un jour,
En mesure d'excès de mon trop fol amour.
  Maudit effet de la philosophie !
    LÉONOR.
Je n'ai rien à répondre, & tout vous justifie;
  Mais consolez-vous Traffiquet
  Si jamais rendue à moi-même,
Un rigoureux destin m'enlevait ce que j'aime,
Nous pourrions revenir à notre ancien projet.
  TRAFFIQUET, *outré.*
Entendit-on jamais un plus affreux langage ?
J'attendrai de sa mort le droit d'avoir mon tour....
Vous me proposerez alors un mariage
Couverte encor d'un crêpe de veuvage,
Sillonnée au surplus, des ruines d'amour
Horrible Professeur.... que l'enfer t'engloutisse !
    ARLEQUIN.
Tout doux petit roquet.... & rendez-vous justice,
Votre tems peut venir..... à votre âge, mon fils,
Je n'aimais que la soupe, & les *macaronis*...
  Vous regrettez la perte d'une femme,
Et j'enrage tout bas d'un retour de Bergame,
Qui me fait retrouver la mienne en ce pays;
Quel contraste entre nous....
  TRAFFIQUET, *ne se possédant plus.*
      J'abandonne la place...
L'amour me retenait, & la haine me chasse;

COMÉDIE.

Je n'habiterai plus près d'un monstre assassin.
LÉONOR.
Tout comme il vous plaira. (*à violette.*) Toi femme
    d'Arlequin....
    Cela me passe, & je suis lente
A croire une avanture...
ARLEQUIN.
        En effet bien plaisante.

SCENE XI.

Les précédents, & Mde. ALCANDOR.

Mde. ALCANDOR.
EH bien ma fille, eh bien, hors de mon cabinet,
Au moment des contrats, à l'heure du bouquet,
    Vous principale contractante!....
LÉONOR.
 Je signais le congé de l'ami Traffiquet.
VIOLETTE.
    Et moi partie *détractante*;
  Je rendais veuf votre valet.
Mde. ALCANDOR.
Est-ce encore un effet de la Philosophie?
ARLEQUIN.
    Cela, Madame signifie,
  Que votre Factoton a baisé le babouin.
    En me restituant un usufruit sans titre.
Nous avons fait le sort notre suprême arbitre.
Le sort à décidé, que d'atant de plus loin,
J'étais le vrai mari, le seul propriétaire;
Et l'oiseau Violette, est rentré dans son aire.
Mde. ALCANDOR.
Ce jour semble marqué pour les événements

Je veux après la fête avoir quelques moments,
Pour les détails de cette étrange histoire.
J'entends, autant que je puis croire,
S'avancer nos Epoux, & Monsieur avec eux...
Au bruit qu'il fait, qui peut le méconnaître ?
Le bon pere est pressé de faire des heureux ;
Il a raison... on n'en fait pas sans l'être.

SCENE DERNIERE.

Les précédents, ALCANDOR, DORANTE, ARGENTINE, LÉLIO, TRAFFIQUET, & CRISPIN.

M. ALCANDOR, *ramenant Traffiquet par la main.*
Non mon ami, vous ne partirez pas...
Vous resterez, signerez les contrats,
J'ai besoin de votre aide, & de plus, je l'exige.
   TRAFFIQUET.
Ordre cruel !
   ALCANDOR.
  Cet enfant là m'afflige.
Madame ayez en soin, rendez-lui le repos.
   TRAFFIQUET.
(*à part.*) Il n'en est plus pour moi...
  ALCANDOR, *à sa femme.*
  Mais Madame à propos,
Auprès de vous, je croyais le Notaire...
Ces Scribes là font bien les importants,
Quant il les faut tirer du secrétaire.
   Mde. ALCANDOR.
Ils veulent, il est vrai la porte aux deux battants...
  Pour se prêter à cette suffisance,
Qu'en coûte-t-il ?... un peu de complaisance...

COMÉDIE.

Faites-en les frais, mon mari ;
Et vous délivrerez par cette bienféance
Quatre cœurs qui font fur le gri.

ALCANDOR.

Y fuis-je moins qu'eux tous?.. mais n'importe, j'y vole...
Et vous l'amene avec fon protocole
Mes amis... mes enfants... un boiffeau de gaité,
(*Il fort.*)
Et plus qu'un feul moment de trifte liberté !
Suis moi Crifpin... (*en s'en allant*) dieux dieux ! quelle allégreffe !

Mde. ALCANDOR, *à tous.*

Il fort.... c'eft mes enfants, où j'en voulais venir...
Il faut à fon retour l'affommer de tendreffe...
Allez-vous fleurir, le tems preffe ;
(*Ils rentrent tous confufément & reviennent auffitôt chacun un bouquet à la main, Léonor en remet un à fa mere.*)
C'eft à nous de le prévenir.
Que j'aime à voir en eux cette noble harmonie ?
Elle m'enflamme... elle m'a rajeunie.
Autour de moi.... point de confufion....
Et que chacun fe place auprès de fa future....
Prélude en grand chorus dès l'apparition,
Le chant noble & hardi.

ARLEQUIN, *donnant de fa batte dans les jambes de Traffiquet.*

Je battrai la mefure.

TRAFFIQUET, *voulant s'en aller.*

C'eft trop être endurant.... Madame voudra bien,
Qu'étant de trop ici....

Mde. ALCANDOR.

Vous de trop.... muficien,
Et doué qui plus eft d'une voix ftentorée ;
Tout doit rouler fur vous, & je n'en rabats rien ...

ARLEQUIN.
Crispin qui va venir, est-il d'ailleurs un chien ?
Offrez-lui votre main, la partie est quarrée....
TRAFFIQUET.
Eh bien je resterai, mais plus de camouflet !
Mde. ALCANDOR.
Les voici, du maintien.... entonnés Traffiquet ?
(*M. Alcandor revient avec le Notaire, & Crispin dès qu'il paraît on chante en chœur.*)
LE CHŒUR.
D'Alcandor célébrons la fête...
Plus de vœux à former pour lui....
De la gloire il atteint le faîte,
La notre commence aujourd'hui.

(*une voix seule.*)
Les dieux d'une main libérale
Ont épuisé leurs dons en sa faveur;
En opérant notre bonheur,
Ce tendre pere les égale.
Mde. ALCANDOR, *offrant son bouquet.*
Les transports, cher époux, doivent t'être permis;
Ne contrains pas ton ame, elle est vive & brûlante;
Que son délire éclate, & de tous nos amis,
Par tes élans de joye augmente encor l'attente.
Que d'heureux en ce jour, tu te plais à former...
Pantalon Lélio, sa sœur, son fils, ta fille,
Et de tous leurs enfants, la chere pacotille !
Datons bien cette fête, & sachons la chommer,
Aussi long-tems qu'on entendra nommer
Des Alcandors dans la famille ;
Et pour que ce projet reçoive plus d'éclat,
(*au Notaire.*)
Vous en ferez, Monsieur, article de contrat,
Quant à moi, je jouis doublement de la fête;
C'est mon propre bonheur, que leur hymen apprête;

COMÉDIE. 85

Demain, j'exifterai pour le plus tendre époux
Et nous allons encore être une fois à nous.
   LE CHŒUR, *reprend.*
D'ALCANDOR célébrons la fête, & *s'arrête là.*
ALCANDOR, *impofant filence aux chanteurs.*
C'en eft affez, mes amis.... à merveille !...
Je vous fais grace des chanfons....
Venez tous m'embraffer, & laiffons les façons.
Vous reprendrez vos couplets à la table.
Je n'ai pour le moment, que le tems d'être aimable...
Ici chaque perfonnage lui va offrir fon bouquet & l'embraffe. Lélio, & Dorante, pour bouquets de fête offrent une couronne qu'ils préfentent fur la tête d'Alcandor, & qu'ils lui font enfuite accepter. Alcandor remet tous les bouquets entre les mains de Crifpin, confervant feulement les couronnes, avec lefquelles il paffe auprès d'Argentine, & de Léonor qu'il place au centre de la Scene, lui au milieu, & dit :
Mes filles recevez ces courronnes de fleurs,
Au nom du ciel qui me l'infpire.
J'abdique aujourd'hui mon Empire,
Pour ne plus régner qu'en vos cœurs.
Il pofe les courronnes en même tems fur les têtes des Dames qui s'inclinent pendant ce couronnement on entend un roulement de timbales, & fi l'on veut, un tantarare de trompettes, après lefquels !
   (*à tous.*)
Votre hommage m'eft cher,... combien je l'apprécie!
En vous rendant heureux, je vous en remercie.
Ménagez vos plaifirs, pour les rendre plus vifs.
Etudiez vos goûts, & foyez attentifs
Aux plus petits détails du tableau de la vie.
L'hymen n'eft pas fans pleurs ; l'amitié les effuye,
Cette fille du ciel accourt, ouvre fon fein ;
La nuit en eft plus calme, & le jour plus ferein

Defirez, des enfants, ils font la récompenfe
Des époux vertueux, & l'augure affuré
D'une paix éternelle en ce lieu facré,
Vous m'en avez fourni la douce expérience.
Il eft encore un pas vers la félicité.
Les richeffes dit-on, difpenfent l'allégreffe,
Et c'eft dans la gaité que s'accroît la tendreffe;
Ce moyen mes amis eft en ma liberté,
Qu'il paffe dans vos mains cet argent tutelaire,
Ce fruit de mes travaux, dont je n'ai plus que faire.
Soyez mes tréforiers.... mais ne l'oubliez pas,
Lorfque le vieux bon-homme ira prendre fa place
  A quelques-uns de vos repas,
Paffons tous au falon y dreffer les contrats!
  Il eft tems que je fatisfaffe
  Aux bouquets qui me font offerts.
Je vais en bonne profe applaudir à vos vers,
  Et vous donner en une feule ligne,
  Du pain pour quatre vingt hivers.
  Il eft affreux, il eft indigne,
Qu'un pere en doive encor l'exemple à l'univers.

F I